鬼《おに》強《つよ》ギャルマインド

心にギャルを飼う方法

赤荻瞳

SDP
STARDUST PICTURES

はじめに

世の中は今、ギャルを求めています！

時代は完全に、第3次ギャルブームに突入しました。しかも**ギャルが、「ギャルじゃない人たち」から求められているん**です。超びっくりですよね!?

たとえば2022年上半期の「ティーンが選ぶトレンドランキング」（マイナビティーンズラボ調べ）によると、流行ったモノ部門の第1位が「ルーズソックス」、コト部門の第2位は「ギャルピース」。コトバ部門の第1位には「ギャル、ちょーかわいい」が入り、第8位には「#平成ギャル」がランクインする過熱ぶり。

さらには、企業の間でもギャルが注目を集めているんです。企業にギャルを派遣して業務を一緒に行うサービスが人気になっていたり、ギャルとコラボしたプロジェクトが増えていたり。

私自身、ギャルについて取材を受けたり、ギャルに憧れる女の子たちから相談されたりする機会が増えてきました。


「令和の時代にギャルブーム？」

「なんで今さらギャルが流行ってるの？」

「どうしてみんな、ギャルに憧れてるの？」


その答えこそ、この本のタイトルにもある**「ギャルマインド」**なんです！


新型コロナウイルス感染症の影響でいろいろ我慢する機会が増えたり、SNSで毎日のように誹謗中傷を目にしたり、ちょっとした発言が大炎上したり、LINEのコミュニケーションで気を揉んだり。今の時代ってどこか息苦しかったりして、生きづらく感じている人が多いですよね。

そんな中で注目を集めているのが、ギャルの持つ「マインド」です！

ギャルが持つ、底抜けの明るさ。
ギャルが持つ、どこまでもポジティブなノリの良さ。
ギャルが持つ、周りに流されずに自分の「好き」を貫き通す強さ。
ギャルが持つ、圧倒的な自己肯定感の高さ。
そしてギャルが持つ、周りの人たちへのフラットな優しさ。

ポイントは、注目されているのがギャルのビジュアル面じゃないってこと。あくまでもギャルの内面、「マインド」なんです。みんな「ギャルみたいにポジティブになりたい！」「ギャルみたいに強くなりたい！」「ギャルみたいに優しくなりたい！」という思いを持っている。

そもそも、今のギャルは「ガングロ、ミニスカ、ルーズソックス」みたいに、わかりやすい外見で語り切れる存在ではありません。ここは平成のギャルブームと大きくちがうところ。令和のギャルはひとつの形にとらわれず、自分の好きなビジュアルを、自分流のスタイルで楽しんでいます。100人のギャルがいたら100通りのビジュアルがあると言っても良いくらい、みんな自由です（この辺は本文でも詳しくお話ししますね）。

じゃあ、なにをもって「ギャル」と呼ぶのかといえば、それはもう「マインド」です。**ファッションよりも内面。ルックスよりも生き方。**だからこそ、みんな「ギャルみたいになりたい！」と思っているのかもしれません。

さて、この辺で自己紹介させてください。

はじめまして！　ギャル雑誌『egg』の元編集長、**赤荻瞳**です。今は若い世代の夢を応援すべく、**「渋谷女子インターナショナルスクール」の校長**を務めています。子どもの頃からギャル道まっしぐらの人生を歩み、たくさんのギャルに囲まれ、日本一のギャル雑誌『egg』を編集長として復刊させた私は、**日本で一番ギャルとそのマインドを知っている人間**だと、勝手に自負しています！

そしてこの本の目標は、ひとりでも多くの人にギャルマインドを知ってもらい、身につけてもらうこと。ついネガティブなことを考えてしまったり、周りの目を気にして行動に移せなかったり、人とのコミュニケーションが苦手だったり、なかなか自分に自信を持てず苦しんでいる人たちに、ギャルマインドを知って、身につけてもらい、毎日をハッピーに過ごしてもらうことです。
もちろん、いきなりギャル化するのはむずかしいでしょうし、100%のギャルになる必要もありません。

そこで、私がおすすめしたいのは、**「心の中にギャルを飼う」**こと。

仕事でちょっと嫌なことがあったとき、人間関係に悩んだとき、人生でつまずいてしまったとき、**「心の中のギャル」を呼び出して、その声を聞く。**きっと心の中のギャルは「なんとかなるっしょ！」「まあ、しょうがなくない？」って励ましてくれるはずです。
ギャルのポジティブパワーをもらって、明日からまた元気に生きていく。そんなふうになれたら最高だと思っています！

ギャルマインドを手に入れたら、まじで強くなれます。
ギャルマインドを手に入れたら、まじで自分を好きになれます。
ギャルマインドを手に入れたら、まじで毎日が楽しくなります。

これは現役のギャルで、だれよりもギャルに詳しくて、一生ギャルマインドを持ち続ける私が約束できること。ギャルマインドは、若い女の子だけのものではありません。**老若男女だれでも手に入れることができる**ものです。だから私は、まじで**「ギャルマインドは日本を救う！」**と思っています。

それではさっそく、「ギャルマインドとはなにか」を知り、ギャルマインドを手にする方法を見ていきましょう！

履歴書

ふりがな	あか おぎ ひとみ
氏名	赤荻瞳
生年月日	1996 年 9 月 6 日生
出身地	埼玉×渋谷

@pitto0906　@pitto0906　@shibujyo_0428

年	月	ギャル歴
1996	9	ギャル魂を持って✧爆誕✧
2003	小1	ミニスカ×厚底サンダルがお気にSTYLE!!!
2007	小5	地元でイツメン＝「ギャル軍団」と呼ばれるw
2009	小6	安室ちゃんのマネしてモヒカン&ドレスで卒業式♡♡
2011	JC2	ピンクシャツとルーズで登校しては門前払い
2012	春	めっちゃ勉強して憧れのギャル校入学♡♡
2013	夏	校則キビシイ&勉強ついていけず退学
〃	〃	エブリデイ渋谷ですごして沢山の仲間できる⤴⤴
2016〜2022	♡	渋谷の先輩のおかげで就職⇨egg編集長に！
2023	春	校長として渋谷女子インターナショナルスクール開校✧✧

ギャルになったきっかけ

生まれたときからGAL♡♡

なんなら年々パワーUPしてる!?

とにかく生涯ギャル予定

趣味

サウナ、旅行、サーフィン

特技

ポジティブ思考⤴⤴

運動神経良き◎

チャームポイント

デカ目

座右の銘

ギャルマインド

自己PR

だれよりも人生楽しんでるHAPPY女子です♡

元気と根性はありまくりです!!!

将来の夢

日本をHAPPYにする♡♡♡

目次

第2章 自己肯定感を上げる魔法のギャルワード

第3章 その常識、まじでありえないんですけど

第4章 人間関係はギャルに学べ！

第5章 仕事をやり抜くギャルパワー

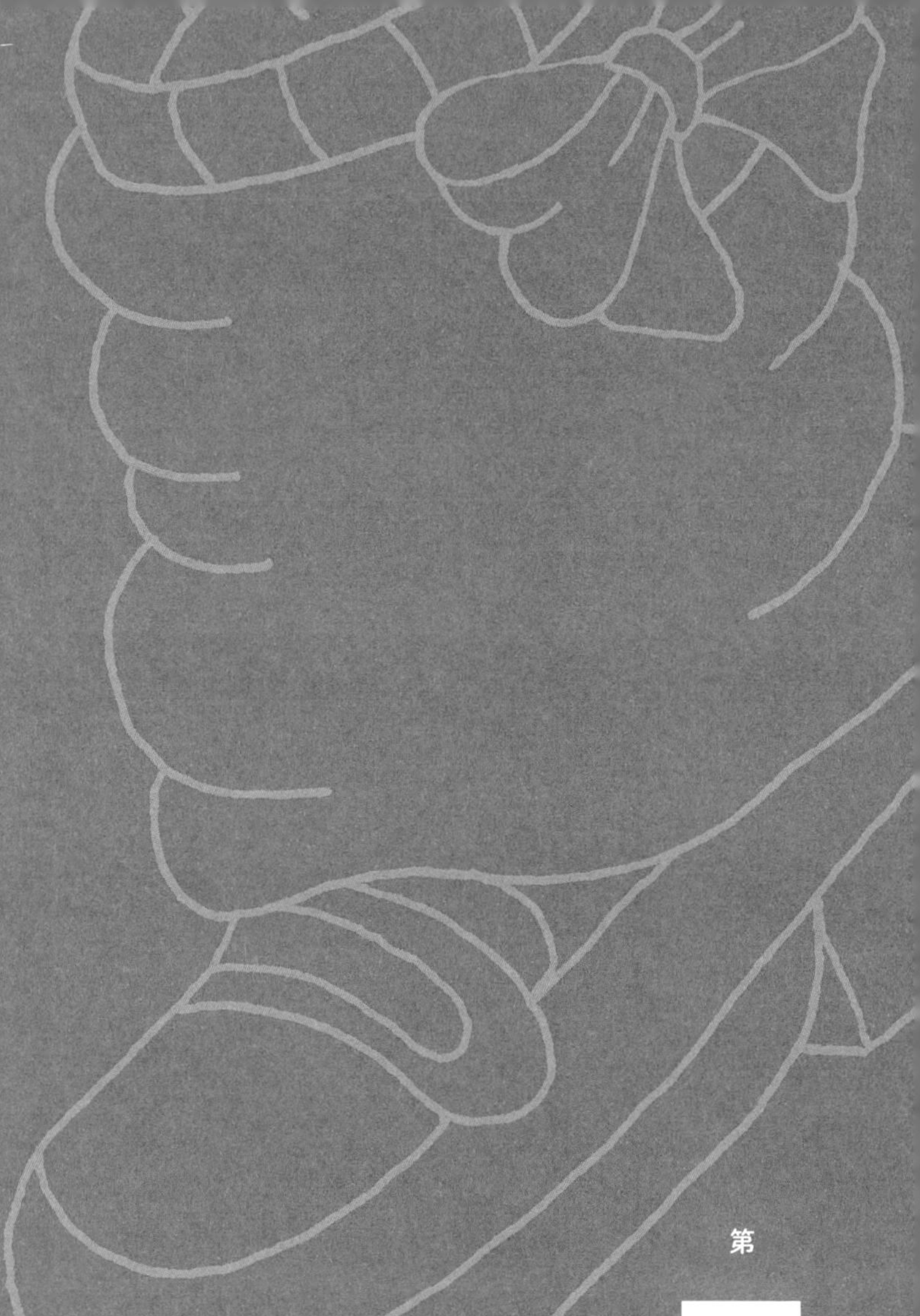

第1章

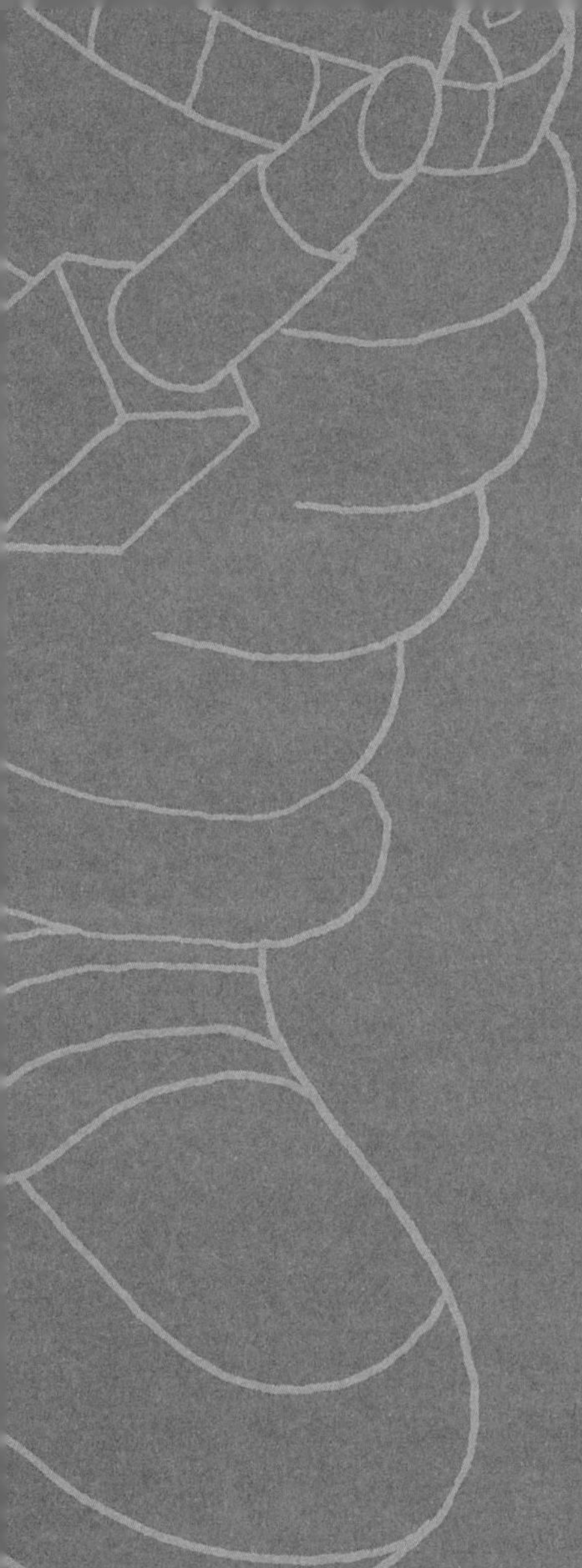

天下無敵のギャルマインド7箇条

Gal Mind 1

見た目は一切カンケーない

平成の時代、ギャルたちは「見た目」で判断される存在でした。ルーズソックスをはいて、ガングロの肌に派手なメイクをキメて、厚底ブーツで渋谷の街を歩き回って。だから今でも、ギャルに対してそういう偏《かたよ》ったイメージを持つ人は少なくありません。おかげで「最近、街からギャルが減ったなー」と思っている人が多かったり。

でも、「はじめに」で軽くお話ししたように、**今のギャルに見た目は一切関係ありません。**「これぞギャルのファッション！」という型はもうないし、みんな自分の好きな服やメイクを楽しんでいます。

いちおう時代背景みたいな話をしておくと、平成のギャルたちにはわかりやすいカリスマがいたんですよね。アムラーブームを生んだアムロちゃん（安室奈美恵）だったり、マルキュー（渋谷１０９）のカリスマ店員だったり。もしかすると雑誌『ｅｇｇ』の人気モデルたちも、そうだったのかも。みんながそういう際立《きわだ》ったカリスマを目指したから、ギャルのファッションはひとつの方向に絞られていました。

ところが、今はＹｏｕＴｕｂｅやＩｎｓｔａｇｒａｍ、ＴｉｋＴｏｋ、いろんな場所にたくさんのインフルエンサーがいます。だから、ギャルの見た目がひとつの方向にまとまることがない。**絶対的なカリスマがいなくなった代わりに、みんなが自由に、自分のファッションを楽しむ時代になったんです！**

今のギャルたちは、それぞれの場所でのびのびと、自分なりのギャル像を表現しています。

大事なのはここから。

今や、**外見でギャルを語ることはできません。**いかにもギャルっぽいファッシヨンの女の子も少なくなりました。

でも、ギャルは確実にいるんです！　私の体感としては、ここ数年でぐっと増えた気さえしています。

そして今、若い子たちはお互いのギャル度を見抜いています。「めっちゃギャルじゃん！」とか「そんなギャルになりたいわ〜」と言い合っているし、最近ではＳＮＳで有名人に対して「あの人、意外とギャルだよね！」みたいなコメントもよく見かけます。これは、メイクやファッションに関係なく、その人の中にあるギャル度を見抜いているんです。

なぜなら、ギャルとは「マインド」だから。

ギャルマインドの持ち主は、それだけでギャルです。**見た目も、性別も、年齢も一切関係ない！**　おとなしめな人も、おじさんも、おばあちゃんも、**マインドがギャルならみんなギャル**なんです。

今、たくさんの人たちが「自分もギャルマインドがほしい！」と願っています。
ギャルたちの内面を、憧れの眼差《まなざ》しで眺めている。

じゃあ、「そのギャルマインドって一体なに？」って話になりますよね？
そこでこの章では、みなさんの心にひとりのギャルが生まれるように、ギャルマインドの極意をできるだけわかりやすく紹介していきたいと思います！

Point
外見でギャルを語ることはできない
ギャルマインドは老若男女だれでも身につけられる

Gal Mind 2

一生自分が主人公

みなさんは自分のことが好きですか？

ギャルは全員もれなく、自分が超大好き！　ただ、自分のことが好きっていっても、いわゆるナルシストとはちがいます。ギャルは、鏡を見てうっとりするナルシストというより、この世界の「主人公」って感じなんですよね。しかも、**圧倒的な主人公。**話すときは超満員のステージの上だと思っちゃうし、自分が歩けば街もランウェイになっちゃう的な。まじで常にそれくらいのマインドで生きているんです。

もちろん、会社や学校などで大勢の中にいると、どうしても「自分は主人公じゃない」って感じる場面もあると思います。いかにもリーダーっぽい人がいたり、周りから「その他大勢」みたいに扱われることがあったり。とくに見た目がおとなしかったり性格が控えめだったりする人は、そういう思いに苦しんだ経験があるかもしれません。

でも一度、こんなふうに考えてみてほしいんです。

今日のお昼ごはんを食べたのはだれ？

毎日お風呂に入ったり、ベッドで眠ったりしているのはだれ？

好きなＹｏｕＴｕｂｅを観て、大笑いしているのはだれ？

答えは全部「自分」じゃないですか？ 自分のためにごはんを食べて、自分が「おいしい」と思っている。自分のためにお風呂に入って、自分が「気持ち良い」と思っている。思っていたり、感じていたりするのは全部自分。そう考えれば、人生の主人公は自分しかいない！って気づけるはず。

私たちはみんな、たったひとりの主人公として、世界の中心で生きているんです。当たり前のことを言っているみたいだけど、そんな当たり前を見つめ直していくところから「主人公マインド」ははじまります。

それから、自分のことを脇役《わきやく》とか、だれかの引き立て役だと思っている人は、心のどこかで「いつか自分にもスポットライトが当たらないかな……」と考えているのかもしれません。

でも、人生の光って、だれかに当ててもらうものじゃない！　**自分自身が太陽みたいに光を放って生きるのが主人公だし、本当のギャルマインド**なんです。


そして、主人公マインドを持てば、「目立ちすぎたら嫌われる」みたいな発想もなくなります。だって、主人公が目立たないストーリーなんてありえなくないですか？　目立てば目立つほど、物語は盛り上がるに決まっています。

だから、ギャルが１００人集まっても、絶対に「主人公とその他大勢」にはならない。脇役もモブキャラもなしで「主人公が１００人」になるのがギャルの世界です。自分がだれかの引き立て役になることはないし、だれかを引き立て役に使うこともしない。たとえるなら『アベンジャーズ』みたいに、みんなが同じくらい大事な主人公として、ここに集まっている。そういうマインドがあってこそ、周りの人にも優しくできるんじゃないかな。

主人公は自分だと強く思えば、自信が持てるようになります。ギャルが強いと言われるベースはここ。自分を唯一無二の主人公だと思うから、なにも恐れないでいられるんです。

くり返しになるけど、ギャルの「主人公マインド」を手に入れることは、ナルシストになることでも、周りの人を脇役として従えることでもありません。イメージは月でも地球でもなく、自ら輝く太陽！　あくまでも自分基準で良いんです。いつかスポットライトが当たる日を待つんじゃなくて、自分で輝いて、周りを照らすような存在になりましょう！

Point

あなたはだれかの脇役じゃない
一生自分が主人公として生きよう！

Gal Mind 3

自分の「好き」を貫き倒す

ギャルに憧れている子たちと話していると、ギャルの「強さ」に惹かれている子がすごく多いなって感じるんですよね。

たしかに、ギャルは強いです。めちゃくちゃタフです。でも、その強さは他人と争ったり、だれかを蹴落《けお》としたりするような強さじゃない。**ギャルの強さは、自分の「好き」を貫く強さ**なんです。

たとえば奇抜《きばつ》なファッションで、派手なメイクをして出歩くギャルたち。電車に乗っていたら周りからジロジロ見られるし、「そんな格好をして恥ずかしくないのか」的なことを直接言われることだってあります。

でも、全然恥ずかしくない！　だって、自分が好きなスタイルを貫いているだけだから。周りの人がどう思うかなんてどうでも良いんです。

周りの人に合わせることよりも、自分の気分がアガってハッピーになることのほうが大事じゃない？　むしろ、みんなとちがったら「ウチ、超目立ってんじゃん！」ってめっちゃアガるし、逆にだれかと被っていても「ウチらオソロじゃん！」って盛り上がれます。

みんなとちがってもだれかと一緒でも、自分の「好き」を貫き倒す！　それがギャルマインドです。


真面目な話、私は「好き」ってものすごく大事な感情だと思っています。

なぜかというと、**「好き」を決めるのは、ほかのだれでもない自分**だから。

自分の「好き」を大事にしているってことは、自分自身を大事にできている証拠。逆に周りの声に流されて自分の「好き」を曲げちゃうのは、自分に嘘をついている、つまり自分を大事にできていないってことです。

だからみなさんには、いろんな自分の「好き」を見つめ直してほしいんです。好きなアイドル、好きな映画、好きな言葉、好きな仕事……。
あなたはなにが好き？　それは自分で決めた「好き」だと言える？
周りの評価とは別に、自分だけの「好き」をちゃんと持っている？

もちろん、自分の「好き」を守るためには強さが必要です。強さっていうより、勇気かな。

そしてその勇気を手に入れる一番手っ取り早い方法は、ギャルと友だちになること。ギャルの近くにいれば「こんなに自由で良いんだ！」「好きを貫くって、こんなに楽しいんだ！」とびっくりするはず。実際私は、ギャルサーに入った控えめな女の子が、周囲のギャルに感化されて生まれ変わっていく姿をたくさん見てきました。ギャルってまじで「好き」のカタマリだから。

そう簡単にはギャルと友だちになれないと思いますよね。でもギャルって、意外と身近にもいるはずです。**会社や学校でムードメーカーと言われる人なんかも、**

みんなギャルマインドの持ち主だったりします。物怖《ものお》じせずにガンガン発言して、チームやクラスの中に新しい風を運んでくれて。みんなが避けるような堅物《かたぶつ》なベテラン社員やおとなしいクラスメイトとも、いつの間にか仲良くなっていたりして。みなさんの周りにもそんな人、いますよね。

自分の「好き」を貫くギャルの自己主張って、絶対周りに迷惑をかけないんですよね。自分の「好き」を押しつけることもしないし。

自分の「好き」を貫いたって、だれにも迷惑はかからない。そして、**自分の「好き」を守ることは、自分自身を守ることにもつながる**んです。

「好き」を貫くギャルマインド、まじでおすすめです！

Point

「好き」を決めるのは、ほかのだれでもない自分自身
自分の「好き」を貫いて、強さを手に入れよう

Gal Mind 4

自分をチアって、自分をアゲる

ギャルといえばポジティブ。ポジティブといえばギャル。

もう、そう言い切っても構わないくらい、ギャルって明るくてポジティブです。

ただ、**ポジティブって生まれつきの資質《ししつ》じゃない**んですよ。ギャルにだってつらいことはあるし、気落ちすることもある。叱られたり、人間関係のトラブルに巻き込まれることだって当然あります。

じゃあ、どうしてギャルはいつもポジティブでいられるのか。

それは、**自分で自分をチアる**（応援する）**ことができる**から。

みなさん、「ちょづく」って言葉を知っていますか？

平成ギャルたちの間で流行った言葉で、「調子づく」という意味。「ちょづいてんじゃねーよ！」とか「あのときウチちょづいちゃってさー」みたいな感じでよく使われていました。

「調子に乗っている」って人に対して言うと悪口みたいに聞こえちゃうけど、自分に対してならそうじゃない。イケイケで絶好調な状態を表すのに使えるんです。その意味で、**ギャルは自分をちょづかせる天才**なんです！

少しでも人から褒められたり、ちょっとでも良いことがあったりしたら「ウチ、すごくね？」「まじ天才なんですけど！」って自分を調子に乗せられる。言うなれば、頭の中に「もっともっとアゲてこー！」ってポンポンを振りまくっているチアリーダーがいる感じ。

そうやってセルフでチアることができるから、いつだってポジティブに気合いを入れられるんですよね。

よく「人は褒めると伸びる」って言うじゃないですか。

でも、自分を惜しみなく褒めてくれる人って、世の中にはそんなにたくさんいませんよね。むしろ褒めてほしいときほど、スルーされちゃったり……。
だから、**自分を褒められるのは自分しかいない！**　そう思ってほしいんです。褒めるのはどんな些細《ささい》なことでもＯＫ。「時間どおりに起きられた！」とか「パスタがおいしくできた！」とか「メイクが上手くいったかも！」ってレベルで良いんです。自分を褒めるチャンスを逃さずに、ガンガン褒めてあげてください。

とはいえ、人生そんなに良いことばっかり起きるわけじゃないですよね。嫌なことが起きたらどうするのか。それは完全に無視一択！　**嫌なことはガン無視して、良いことだけを見ていく**んです。そんなスルースキルの身につけ方は、また後でお話ししますね。

ネガティブな人も、ポジティブな人も、毎日の中で起きる「良いこと」の数はそんなに変わらないはず。要は、「良いこと」に目を向けるか、「悪いこと」に目を向けるかのちがいなんだと思います。
ギャルマインドの持ち主は「良いこと」をもれなくピックアップして大事にで

きるんです。

毎日何回でも自分を褒めてあげると、自然と前向きになれるし、いつの間にか自信もついていきますよ！

Point

自分をチアって思いっ切りちょづく
些細なことでも、褒めポイントを逃さない！

Gal Mind 5

好きなのはいつも「今の自分」

だれだってみんな「こんな自分になりたい！」という目標を持っていると思います。

仕事上での目標だったり、恋愛面や生活面での目標だったり。夢があって、目標があるのはめちゃくちゃ良いこと。やっぱり人間、目標があると気合いを入れて頑張れますよね。

ただし、**目標を高く設定しすぎて、「今の自分」を否定するようなことは絶対にあっちゃダメ！**

ギャルマインドの第5条、それは**「今の自分」を好きになる！**です。

ギャルは自分が大好きだという話はすでにしましたよね。ここで大切なのは、いつだって「今の自分」を好きでいること。ありのままの自分といっても良いし、すっぴんの自分、等身大の自分といっても構いません。とにかく、**現在進行形の自分を好きでいることがポイント**なんです。

ギャル雑誌に登場するモデルの姿を見ると、そのことがよくわかります。

一般的に雑誌モデルというと、めっちゃスリムで、身長も高くって、8頭身ボディが当たり前、みたいな世界ですよね。顔立ちも超絶美人なのが常識だし。

一方、私が編集長を務めていた『egg』などのギャル雑誌のモデルたちは、あくまでも等身大です。みんながみんなモデル体型というわけじゃないし、ほんとーに身近な存在。誌面にはモデルたちの本気の変顔だって、ガンガン載っています。

だからこそ読者は「私もなれるかも！」と思えるし、モデル体型じゃない「**今の自分」を肯定できる**んですよね。逆に、パリコレに出るようなモデルさんたちをゴールにしたら、「今の自分」を嫌いになっちゃいそうじゃないですか？

これは外見に限った話ではなく、仕事やプライベートでもそう。理想像を高いところに置きすぎると、「今の自分」がダメな存在に思えちゃうんですよね。「あんなふうになりたいな」「私もあんな仕事ができたらなー」という目標があるのは良いんだけど、その根っこには「でも、こんな自分も好きだな！」がないと、心が潰れちゃう。

私は21歳のときに、4年ぶりに復刊する『egg』の編集長になりました。雑誌の編集長といえば、バリバリ仕事ができて、キラキラしている女性ってイメージがありません？　私はそんな姿に憧れていたから、自分がなってみて「あれ？　私、全然キラキラしてないぞ……」ってギャップを感じることばかりでした。「これじゃあ周りのみんなが『ついていきたい！』って思えないんじゃないかな」と思うこともあった。

それでもなんとかやってこられたのは、ちゃんと「今の自分」が好きだったから。だから、足りない部分を素直に認められたし、「逆に、泥臭く頑張れてるのってすごくない⁉」「根性あるとこがウチの良さじゃん！」みたいにポジティブなギャルマインドを発揮《はっき》できた。どんなにギャップが大きくても、楽しむ気持ちを持って、踏ん張れたんです。

過去を振り返って「あのときの自分」を懐かしんでも全然意味がありません。未来を夢見て「いつかの自分」に思いを馳《は》せても現実は変わりません。**まずは「今の自分」を受け入れること！** 未熟だったり、経験が足りなかったり、失敗をくり返したりしても、それが自分の現在地です。そこから出発するしかない！

いつだって「今」に集中していきましょう！

Point

目標が高すぎると今の自分を否定したくなっちゃう
等身大の自分を好きになってこそ、一歩踏み出せる

Gal Mind 6

だれもがみんなナンバーワン

街で見かけるギャルのこと、なんとなく「怖い」と思っていませんか？

たしかにギャルは物怖じしないし、感情表現もストレート。良い意味で空気を読まないし、タメ語が基本だし。テンションが高くって、意思の疎通《そつう》がむずかしそうに見える。敬遠したくなる気持ちも、ちょっとわかります。

でも、性格がキツかったり、攻撃的だったりするギャルはほとんどいません。むしろ「超」がつくほどの平和主義者で、めっちゃフレンドリー。争いごとに興味がないし、だれかの足を引っ張るようなこともありません。というか、そもそも**他人と自分を比較したりしない**んですよね。

なんで他人と比較しないのか。

他人に興味がないわけじゃありません。ただ、**ギャルは「だれもがみんなナンバーワン」だって知っている**んです。

たとえば１００メートル走の選手とマラソンの選手は「どっちが速いか」なんて、お互い気にしていないじゃないですか。やっている競技がちがうんだから、比べる意味がない。

それと一緒で、私の「かわいい」とだれかの「かわいい」は、比べるものじゃないんです。だって「かわいい」は、人の数だけ基準があるものだから。基準がバラバラって、イコール競技がちがうみたいなことでしょ？

これは「かわいい」だけじゃなくて、「才能」や「成功」「幸せ」、どんなことにも言えます。つまり、**それぞれの基準の中で、みんながナンバーワン**なんです。

今、若い子たちと話していると、みんな「比較」に苦しんでいます。だれかのキラキラしたＳＮＳの投稿を見て、自分と比較しては、ネガティブな気持ちを募《つの》らせて。比べる必要のないものを比べて、ひとり落ち込んでいる。そんなときに「オンリーワンの自分に誇りを持って」と慰《なぐさ》められても、きっと全然胸に響かないんですよね。

だからこそ私は「だれもがみんなナンバーワン」っていうギャルマインドが大事だと思う！　ただのオンリーワンじゃなくて、だれもがみんなナンバーワンなんですよ。

キラキラして見える友だちはちがう競技にエントリーしているだけ。そう思えば気になりません。

ギャルが集まると、お互いヤバいくらいに褒め合います。「今日盛れてんね！」「てかめっちゃ頑張ってるくない⁉」みたいな感じで。

相手を心から褒めることができるのは、自分に自信があるから。自分が主人公、相手も主人公っていう「主人公マインド」の表れでもあるのかな。

そうやってお互いを褒め合う環境の中にいると、まじで比較とかどうでも良くなるんですよね。

自分と他人を比較しがちな人は、無意識のうちに順位をつけるのがクセになっちゃっているのかもしれません。でも、だれもがみんなナンバーワンだってことを忘れないでほしい。そしたら、順位づけする意味なんてなくなるでしょ？

比較もしないし、嫉妬《しっと》もしない。ピースフルなギャルマインド、ぜひ身につけてください！

Point

だれもがみんなナンバーワンだとわかれば、比較したり順位づけしたりする意味がなくなる

Gal Mind 7

自己ちゅーよりも「仲間ちゅー」

さて。ここまでお話ししてきたように、ギャルは圧倒的な主人公マインドを持っています。今の自分がナンバーワンだし、ガンガンに自分をアゲながら生きています。

ただし、それが決して自分勝手な「自己ちゅー」にならないところがギャルの偉いところ。自分大好きでありながら、ものすごーく仲間を大事にしているんです。言うなれば、**自己ちゅーと正反対の「仲間ちゅー」マインド**があるってこと！

ギャルって、「私が私が」とか「俺が俺が」みたいに、人を押しのけて前に出るようなことはしないんですよね。

それよりも大事にしているのが、**「ウチら」というマインド。**「ウチらまじ最高じゃん！」とか「ウチらヤバくね？」とか、仲間を意識した言葉遣いをすることが多いです。

自分の幸せよりも仲間の幸せってくらい、仲間の悩みには親身になって耳を傾《かたむ》けるし、仲間のピンチにはすぐ駆《か》けつける。「ウチら」の結束は、まじで強いんです。

どうしてギャルは仲間を大事にするのか？

ちょっとオーバーな言い方をすると、**お互いを「戦友」みたいに思っているから。**

仲間って単なる「友だち」じゃないんですよね。同じ価値観を持って、楽しいときだけじゃなくつらいときもピンチのときも一緒に壁を乗り越えていく同志的な。

同じ価値観を持った人同士だからこそ、「ウチら」になって、仲間になる。一緒に戦う戦友だし、良い意味でライバルだし、お互いにリスペクトしているし、心から応援し合うことができる。仲間に良いことがあったら、自分のことのように超うれしいし。


この感覚を理解してもらうには、仕事のチームを思い出すと良いのかも。

ほら、会社の同僚とか仕事でチームを組む人たちのことを「仕事仲間」って言うじゃないですか。これが「仕事友だち」だったら、ちょっと一体感が出ないでしょ？　そして仕事仲間とは価値観を共有できているし、尊敬しているし、信頼もしている。いつでも力になりたいと心底思う。


だから、チームの中で良い仕事をしている人は、「仲間ちゅー」マインドの持ち主だと思います。

自分はもちろん、周りのことも考えて行動できる「仲間ちゅー」マインドがあってこそ、良い仕事ができるっていうか。

もちろん仕事以外にも「推し仲間」とか「飲み仲間」とか、仲間って実はいろんなところにいますよね。

自己主張も大事だけど、それが「自己ちゅー」のわがままになったら、チームは上手く回りません。反対に仲間と力を合わせれば、気持ち良く、良い仕事ができる。

それに、仲間がいればピンチのときに助けてもらえるし、応援してもらえたりもします。

いつでもベースは「仲間ちゅー」！ **仲間の幸せを優先できるようになれば、最強の「ウチら」ができ上がる**んです！

Point

「自己ちゅー」のわがまま人間になったらダメ
仲間優先の「仲間ちゅー」マインドでもっと最強になれる

Gal Column 1

ギャル語の歴史

1990年代

ウケる／チョベリバ・チョベリグ／オバタリアン／アウトオブ眼中／意味不／ウーロン茶／アムラー／ＭＫ５／パイセン／パチこく／バリ３／ＭＭ／ちょづく／パギャル／バッチグー／プリクラ／ホワイトキック／イノヘッド／オール／路チュー／イケメン／あけおめことよろ

1990年代はテレビなどのメディアからたくさんの流行語が生まれました。「アムラー」を筆頭に「シノラー（篠原ともえファン）」や「カハラー（華原朋美ファン）」も誕生。「MK5（マジでキレる5秒前）」をもじって広末涼子さんの楽曲『MajiでKoiする5秒前』が生まれました。この時代の流行語は、使ったことがない人でも、パッと見てなんとなく意味がわかる言葉が多い気がします。「アウトオブ眼中」とか「意味不」とか。一方、わかりづらいのは「バリ3（バリサン。電波状態が最強なこと）」や「ウーロン茶（ウザいロン毛茶髪の男性）」などでしょうか。「オール」「路チュー」「イケメン」など広く定着して、今でも使われている言葉もありますね。

2000年代

〜な件／ぶっちゃけ／ミーツ／カキコ／リアル／ＫＹ／ＰＫ／Ｈ／Ｋ／心友／パネェ／ズッ友／場面で／ばっくれる／的な／萎える／からの〜／盛れる／おっつー／ガチ／神／ＪＫ

2000年代に入ると、ガラケー文化の影響が色濃く表れます。当時、大流行していたmixiや前略プロフィール、ブログなどで使われていた「カキコ（書き込み）」「リアル（リアルタイム日記）」などの言葉が定着。みんな「心友」「パネェ」などの言葉を使った待ち受け画像を持っていたり、「H/K（話変わるけど）」のデコメを使ったりもしていました。「ズッ友」とかもプリクラによく書いていたな。「KY（空気読めない）」「PK（パンツ食い込んでる）」などのアルファベットでの略語表現もたくさん生まれています。「場面で」「盛れる」「ガチ」「神」「JK」などはもう定番ですよね。今のウチらも、普段の生活でよく使う言葉たちです。

第

2

章

自己肯定感を上げる魔法のギャルワード

「ワンチャンいけんじゃね？」

この章ではギャルたちがよく使っている言葉を紹介しながら、ギャルマインドの極意にぐんと迫っていきたいと思います。

ギャル言葉っていうと、昔流行った「チョベリグ」「チョベリバ」みたいなおもしろおかしいフレーズをイメージする人も多いと思いますが、それだけじゃないんです。

やっぱり言葉って、人間の心を一番左右するものだと思うんですよね。

ピンチに立たされたとき、どんな言葉を使うか。

むずかしい決断を迫られたとき、どんな言葉を思い浮かべるか。

何気ない日常の中で、どんな言葉を口にしているか。
ギャルが持つ圧倒的な自己肯定感の高さは、言葉に支えられている部分がかなり大きいと私は思っています。

ここで紹介するギャルワードは、みなさんにも実際に口に出してほしいってわけではありません。ネガティブな気持ちになったときや前に進めないとき、心の中のギャルがこんなギャルワードを語りかけてくれるようになる。それが理想です。そうなれば、きっと自己肯定感が上がって、前を向けるはずだから！

最初に紹介したいのがこの言葉。

「ワンチャンいけんじゃね？」

もう、これはギャルマインドを象徴する言葉です。ワンチャン、つまり「ひとつのチャンス」。今は広く定着して「もしかしたら」とか「上手くいけば」とか「運が良ければ」くらいの意味で使われています。

仕事の場面がわかりやすいと思うけど、新しいことをはじめるのって不安だらけじゃないですか。上手くいく保証もないし、失敗する可能性は高いし、叱られたり迷惑をかけたりするかもしれないし。そうやって先立つリスクのことばかりを考えていると、けっきょくなにも行動できなくなっちゃうんですよね。恋愛だってそうだろうし、受験や就活だってそう。

そんなとき、ギャルは「ワンチャンいけんじゃね？」という言葉を口にするんです。どんなに可能性が低くても、周りからムリだと言われても、「ワンチャン」はありえる。だからぐずぐずしないで、行動に移しちゃう。

『egg』の復刊は、まさにワンチャンマインドで実現したことでした。

当時21歳、学歴なし、経験なしの私が編集長。

世間では「もうギャルって絶滅してるのに今さら？」って疑問の声も多数。

自分で言うのもなんだけど、上手くいく可能性は低そうですよね。

もしここで、「本当にバズるかな？」とか「もっとリスク減らしてからが良いかも」とかむずかしく考えたり、周りの言う「常識」に耳を傾けたりしていたら、いつまで経っても復刊はなかったと思います。
でも、ワンチャンあると信じて、復刊すると決めた。失敗を恐れず、少ない可能性に賭けてみた。そうやって足を踏み出したから、ギャルブームを再燃させることができたんです。今は、『egg』復刊は成功だったと胸を張って言えます。

もちろん、上手くいったのはラッキーだったと思います。当然、失敗することだってありますよね。

でも、**そもそも「ワンチャン」の可能性に賭けたチャレンジなんだから、失敗を落ち込む必要なんて全然ない！**

むしろ「ワンチャンなかったかー」くらいに軽く捉えてOK。次の「ワンチャン」を探しに、すぐ前を向くんです。

そしてこのワードは、仲間同士の会話でもよく使います。「これワンチャンありえるんじゃない？」とか「ワンチャンやってみよ！」とか。そういう会話を交わしているときって、まじでワクワクしているし、超絶ハッピーなんですよね。

「ウチらの未来には可能性しかない！」って感じがして。

だから、フットワークが重い人やなかなか一歩を踏み出せない人は、ぜひ「ワンチャン」マインドを意識してほしいんです。**どんなにむずかしいチャレンジだって、「ワンチャン」の可能性は絶対にあるんだから！**

Point

失敗を恐れずワンチャンに賭ける
どんなことにもワンチャンの可能性はきっとある！

「場面で考えれば良くない？」

これは「ワンチャン」よりも丁寧な説明が必要な言葉かもしれません。実際の会話を再現するなら、こんな感じです。

「この企画、ワンチャンいけんじゃない？」

「えー、ムリだよ。だって来月のスケジュール、かなりキツいもん」

「そこは場面で考えれば良くない？」

場面で考える。それは**「その場その場で考える」**ということ。今はまだやり方が見えていないけど、その場になったらどうにかなる。どうにかしてみせる。そんなニュアンスの言葉です。

どんな種類の仕事でも、事前に計画を立てることが大事だと言われますよね。そしてその計画は、綿密であればあるほど良いとされている。

でも実際の話、物事がすべて計画どおりに進むことってあります？　どんなに完璧な計画を立てても、絶対に予期せぬトラブルが起こるのが仕事だし、人生もそうじゃないですか？

だから、**計画を練り上げる力も大事だけど、それ以上に大事なのが「場面で臨機応変に対応する力」**だと思うんです。いつまでも計画を考えるばかりだと、なにかトラブルが起こったときに柔軟に対応できないかもしれない。

ギャル特有のフットワークの軽さを支えているのは、「ワンチャン」マインドと「場面」マインド。**わずかな可能性を見出して動き出すのが「ワンチャン」マインドで、その決断を後押ししてくれるのが「場面」マインド**って感じかな。このふたつはぜひ、セットで覚えてほしいです。

もちろん、「場面で考えれば良くない？」という発想を、無計画で行き当たりばったりなマインドだと考える人もいるでしょう。

でも、「場面」マインドの持ち主って、土壇場の自分に自信があるんですよね。いざとなったら自分がどうにかする、これまでもそれでやってきた、みたいな。土壇場になって逃げるようなことは、絶対にしないです。その覚悟がある限り、もっと「場面」マインドが認められても良いのにな。


かくいう私も、当然「場面」マインドで生きています。

ギャルサーを卒業して就職先を探していたとき、なにからすれば良いのかわかんないけどとりあえず渋谷で働きたいと思って、場面で渋谷をブラついていました。そうしたら、スクランブル交差点でギャルサー時代の先輩にばったり遭遇。「なにしてんの～？」みたいに聞かれて、「渋谷で働きたくて、仕事探しててー」って話したら、その先輩が働いている広告代理店で働かせてもらえることになったんです。渋谷で働けることになってめっちゃアガったし、後に『egg』の編集長になれたのもここでの出会いがきっかけです。

自分の気持ちに素直になって、毎日場面で生きていたからこそ、生まれた縁があって、掴めたチャンスがあるんですよね。

今はプライベート面で、「場面」のマインドを発揮することが多いです。大まかな計画は立てるけど、細かいところは全部「場面」。まずは動き出して、走り出してから考える。それで目の前の現実にはちゃんと対応できていると思います。

みなさんも、もっと自分の土壇場パワーを信じて、「場面」で生きるようにしてみてください。自分に自信がつくし、超ビッグなチャンスに出合えるかもしれないから。なにより、心が軽くなってもっと気軽に行動できるはずです！

Point

まずは「ワンチャン」に賭けて
後は「場面」で考えればＯＫ

「ヤバい、超ウケる!」

なにかネガティブなことが起こったとき、みなさんはどんな言葉を口にしていますか?

最悪、もうダメだ、ムカつく……。きっとそんなネガティブワードを使いますよね。

そんなとき、心の中で唱えてほしいのがこの言葉。

「ヤバい、超ウケる!」

身の回りのネガティブを、一気にポジティブに引っくり返す言葉って言えば良いのかな。とにかく楽にハッピーに生きられるようになる最強の言葉です!

たとえば、めっちゃ失礼な人に会ったとします。そこで「ムカつく！」と怒るのは、自分の中にストレスを溜めるだけ。むしろ「ヤバい、超ウケる！」で笑い飛ばしちゃえば良いんです。

だって、自分じゃ考えつかないようなことを言ってくる人って、めっちゃ新鮮でおもしろくないですか？　私はいつも**「こんな人もいるんだ」って自分の中に経験値がどんどん増えていく感覚**さえあります。そうやって全部「ウケる！」に転換していったら、世の中に「嫌な人」がほぼいなくなるんですよね。

仕事でもプライベートでも、嫌なことは必ず起こります。それを避けて生きるなんてムリ。だから大切なのは、その後どうやって自分をアゲていくかなんですよね。

だったらもう、自分自身を笑ったり、自分の置かれた状況を笑ってしまうのが一番！

主人公にピンチはつきものなんだし、ピンチになっても「この展開、超おもしろくない!?」と思えれば、無敵だと思いませんか？

その意味で**「超ウケる！」は自分の身を守ってくれる言葉。**ギャルのタフさはこんなところに理由があるのかもしれません。

怒りっぽい人や落ち込みやすい人は、「超ウケる！」ってたくさん口に出してみてください。もちろん心の中で唱えるだけでもOKです！　そうすればネガティブな感情にとらわれず、どんな状況でも楽しめるようになると思うから。

ピンチやネガティブな状況のときは「ウケる！」って思う、ギャル的な反応が発動するようになると、人間関係も良い方向にいって、超気分良く生きていけちゃいます。

Point
なにはさておき「ウケる！」で反応
嫌な人もピンチもおもしろがる！

「住んでる世界ちがうしな〜」

最近、ＳＮＳを中心に「マウント」って言葉をよく耳にします。マウントとは、対人関係で自分のほうが上だとアピールするような言動のこと。「マウントを取る」とか、「マウンティングしてる」とかって使われていますよね。みなさんにも「今、マウント取られたかも……」って感じた経験があるかもしれません。

そういうマウントもだし、なにか嫌なことを言われたときに、もろにダメージを受けて、引きずってしまうことってあると思う。

でも、そうやって投げつけられた心ない言葉は、スルー一択です！

そのまま受け止める必要なんてないし、まして気にし続ける必要なんて全然ない！

じゃあどうやってスルーするのか。そんなときの最強ワードがこれ！

「住んでる世界ちがうしな〜」

「住んでる世界がちがう」って一体どういうことなのか。
それは、**相手を宇宙人だと思う**ってこと。
SNSで嫌なコメントがついても、アラビア語とかロシア語とか、読めない言語で書かれていたら、まったく気にならないでしょ？　だれだって普通にスルーできるじゃないですか。
そんなふうに、**別の世界で生きる人の言葉**（行動）**だと思う**んです。自分の住んでいる世界とはちがう世界の話だと認識すると、あっさりスルーできます。

嫌味を言われても「住んでる世界ちがうしな〜」
マウント取られたときも「住んでる世界ちがうしな〜」
怒鳴られたときだって「住んでる世界ちがうしな〜」

同じ世界に生きている相手だと思うから、スルーできなくなるんです。でも別の世界に住んでいる相手だと思えば、簡単にスルーできます。「住んでる世界ちがうしな〜」と心の中で唱えて、しっかり線を引くことが超重要！

10代の子たちから、よくこんな相談を受けます。

「○○が俺のことを裏でこんなふうに言ってたらしいんです……」

「SNSでこう書かれたんです……」

心ない声に傷ついて悩んじゃったってことは、どんな年齢の人でも経験があるはず。

私はそんな悩みには「そういう人とは住んでる世界ちがうから、気にすんな！」って力強くアドバイスします。

決して追及したり、言い返したりせずに、スルーしてほしいんです。落ち込んだりムカついたりする気持ちはわかるけど、なにより陰口を言う相手と同じ世界に入ってほしくないから。嫌な声に耳を傾けすぎて、自分の良さを見失ってほしくないって思うんですよね。

1章でも少し話したけど、ギャルはこのスルースキルがめっちゃ高いです。ディスり言葉、怖いリアクション、嫌なSNSコメント。そういうの全部、ガン無視します。

なにかにとらわれそうになっても自分の人生に集中して、好きなものや人で常に自分の心を満たしていけば、自分の世界の境界線を引くのが上手くなっていく。次の日にはすっかり忘れているくらい、ほんとにノーダメージで生きていけるようになれるはずです。

嫌なノイズをシャットアウトするには、「住んでる世界」を切り離すのが一番！
ソッコーできっちり線引きをして、自分のエリアを死守しましょう！

Point

嫌なことを言う相手とは「住んでる世界」で線を引く
全部ガン無視でノーダメージ！

「逆に〇〇じゃない？」

これは仕事の場面でよく使う言葉かな。たとえばみなさん、こんな悩みを抱えたことはありませんか？

「退屈でだるい仕事ばっかりさせられる」

「配属ガチャはずれてやりたいことができない」

「忙しすぎてプライベートの時間が取れない」

「今日も職場でひどいことを言われた」

こういう状況が続くと「仕事だる〜」って思っちゃう。きっと会社員なら一度は経験あるんじゃないかな。

それでみんな同僚とグチを言い合うんだけど、仕事のモチベーションは当たり前にガタ落ち。で、自己肯定感まで失われていく。「なにやってんだろう自分……」「このままで良いのかな」みたいに。

たしかに仕事って、自分じゃどうしようもない状況も多いし、文句を言いたくなることだってありますよね。私も仕事をしながら「これってほんとに意味あんのかなー」ってだるくなったことは正直あります。

でも、やらなきゃいけないし、ちゃんとやってこそ自分の声も聞いてもらえる。

そこで登場するのが**「逆に○○じゃない？」という言葉！**

退屈な事務作業をさせられているときに、「これって逆におもろくない？」と考えてみる。その言葉を頼りに、前向きになれない仕事の中にあるおもしろさを考える。

配属ガチャにはずれたときにも、「逆に今この部署の仕事やっといたら、私の経験値めっちゃ上がるんじゃやない？」って思い込んでやってみる。

忙しすぎてプライベートの時間が取れないときは、「逆にこのスケジュールこなせてる自分すごくない⁉」と褒めて自分のテンションをアゲてみる。
職場でひどいことを言われたときは「逆にこういうことを伝えたかったのかも」と別の視点から物事を捉えてみる。

やっぱり、どんな面倒くさい仕事でも、最終的には自分でやらなきゃいけないじゃないですか。でも、つまんないことを「つまんない」と思いながらやるのって、まじ苦行《くぎょう》ですよね。
だからこそ「逆に」なんです！　おもしろさややりがいを自分で見つける。

どんなことにだって、「逆」の側面はあります。あなたが退屈だと思っている仕事の中にも、「おもしろさ」を見出している人はいるはずです。だったら知りたくないですか？　その「逆」にある「おもしろさ」を。私はめっちゃ知りたくなる！

仕事以外の場面でも「逆に」は活躍してくれます。

無口な人と接するとき「逆にこういうこと言いたいのかも」って考えてみたり、「ノーテンキで羨ましいよ」と嫌味を言われても「逆にそれってウチの長所じゃない!?」って捉えてみたり。

ネガティブになりがちな心にストップをかけて、「逆に」でポジティブな光を当てていく感覚です。慣れてくると、いろんな場面で応用できますよ！

自分の気持ちをつくるのは、自分の言葉。そして**「逆に」は自分の可能性を広げる魔法の言葉。**困ったときはぜひ「逆に〇〇じゃない？」と考えてみてください。

Point

モチベが下がったときは「逆に」で考える！
どんなことにも「おもしろさ」は見出せる

「てか、しょうがなくない？」

私は、できるだけたくさんの人とわかり合いたいと思っています。だれとでも理解し合って、認め合って、協力できたら、こんなに良いことはないですよね。

でも、どうしてもわかり合えない人がいるのも事実。年齢で人を判断する人や、仕事の優先順位がちがう人、人生の価値観が合わない人。そういう人とのコミュニケーションって、めちゃくちゃエネルギーを使うし、疲れちゃいますよね。


そこで紹介したいのがこの言葉です。

「てか、しょうがなくない？」

やっぱり、変えられないものは変えられないんですよね。相手の性格も変えられないし、自分の歳とか立場とか、上司の価値観とかも変えられない。そういう**変えられないものばかりを見て、イライラするのは超もったいない！**

いっそ「てか、しょうがなくない？」のひと言で気持ちを切り替えたほうが楽なんです。

これは諦めの言葉じゃなくって、切り替えの言葉。悩んだって意味のないことに時間を費《つい》やさず、次に進んでいくために背中を押す言葉なんです。

人とのやり取りでわかり合えないことが判明したとき。「なんでわかってくれないの？」「そっちの意見をぶつけられても困るんだけど」とため息をつきたくなるかもしれない。でも、それよりまず「てか、しょうがなくない？」で切り替えるようにしましょう。すぐに切り替えて、どうやったら上手く付き合えるかを考えたほうが絶対良いです。

実際、『egg』の企画会議では、みんなの意見が割れることはよくありました。ある人が「この企画最高だからめっちゃやりたい！」って言うと、「そんなの絶対ウケないと思う」って乗り気じゃない人がいる。どっちが正しいとかじゃない、好みや価値観がぶつかり合う場面です。編集長としては、そうしたみんなの意見をまとめていかなくちゃいけなかった。

そういうとき、私は「人それぞれ生き方もちがうし、好みもちがうんだから、食いちがうのはしょうがないよね！」ってスタンスをキープしていました。たいていは「逆に全部やってみちゃおう！」とか、「一旦さくっと試してみたらどうかな～」みたいな提案をして、できる限り、全部の意見を尊重したいと思っていたんです。

だれが正しいかを競わせず、みんな正しいって方向に持っていった。

そういう姿勢を見せていたおかげか、どれだけ意見がぶつかっても、みんな常に自分のアイデアを出し続けてくれたし、たくさんの挑戦が生まれました。「しょうがない」っていう切り替えのマインドがあったからこそ、良いチーム運営ができたんですよね。

そしてこれは、コミュニケーションに限った話でもありません。

今、あなたが抱えている悩みを数えてみて。

その中で何個くらい、自分の力で変えられるものがある？

意外と「変えられないもの」ばかりに悩んでいませんか？

たとえば、身長が高い、低いとか、生まれがどうとかは変えられないもの。まして や、他人の考え方や価値観なんかもそう簡単には変えられない。だったら、それに悩むのはムダです。「てか、しょうがなくない？」で切り替えるしかない！

ギャルはこの言葉を使うことで、前を見て、くよくよせずに歩いているんです。

Point

変えられないものもあると割り切る ソッコーで切り替えて前に進もう！

「ウチらみんな『ぬかりある系』だよね」

ギャルは圧倒的に自己肯定感が高いです。だから「どうしたらそんなに自己肯定感高められるの？」なんて相談を受けることもよくあります。

そこで話を聞いていて思うのが、**自己肯定感が低いと悩んでいる人って、完璧主義なところがある**ってこと。たとえば「私はこんな簡単なことも上手くできない」とか「いつも人に迷惑ばっかりかけちゃう」とか。それって、「ミスをしなくて人に迷惑をかけない、完璧な人にならなくちゃ」って考えがあるからじゃないですか？

そんな人におすすめなのが、この言葉！

「ウチらみんな『ぬかりある系』だよね」

ぬかりある系っていうのは、私が勝手にギャル語に認定している言葉。なんでもできて隙《すき》のない人のことを「ぬかりない人」って言うけど、「ぬかりある系」はその逆。**当たり前に失敗したり、隙があったりする人のことを表す言葉**です。

これって一見マイナスに捉えられる特徴かもしれません。

でも、「ウチらみんな『ぬかりある系』だよね」って思いがあれば、仕事でちょっと失敗しても、なにか忘れ物をしたときにも、深刻になることがないんです。「まあしょうがないか」って自分や相手を許せるようになる。

そしてこの**「自分を許せるかどうか」が自己肯定感を左右する**んですよね。

ギャルサーをやっていたとき、すごくおもしろくて頼れるイケイケの先輩がいました。リーダーシップもあって、超かっこよくて憧れの女性だったんだけど、ぶっちゃけけっこうドジなところもあったんですよね。

でも逆に、後輩の私からしたら完璧すぎないところが親しみやすかったし、だんだんと「このリーダーを支えたいな」って気持ちも生まれていきました。

自分に自信がない人って、ミスを隠したがったり、自分の弱さを知られることを怖がったりするイメージがありません？　だからその先輩の、ドジを隠さず、堂々としているところが、逆にめちゃくちゃかっこいいなと思ったんですよね。

この先輩も、自分のことを最初っから「ぬかりある系」だと思っていたから、自分のダメなところも肯定的に考えられていたんじゃないかな。

そして自分に対して懐《ふところ》が深いってことは、他人に対しても懐が深いってこと。つまり、器がデカいんですよね。実際、私やほかのみんながなにかやらかしたときにも「そういうこともあるよね！」って笑って許して次に期待してくれる人でした。

全部が完璧な人なんていません。どんなにすごいスターにだって、超かっこよく映る上司にだって、できないことや弱みがあって当然です。

だから、**弱みを取り繕《つくろ》う必要はないし、できない自分を卑下《ひげ》する必要も全然ない！**

できないことがあったら、できるようになるまで何回でもチャレンジしたら良いんです。不得意なことがあるなら、周りのだれかに助けてもらえば良いんです。

完璧主義っぽい人は、ぜひ「ぬかりある系」マインドを意識してみてください。いつでも「ウチ、ぬかりある系だし」「完璧じゃないから、できなくても大丈夫！」って思っていれば、めっちゃ気が楽になります。自己肯定感だってすぐに高まるはずです！

Point
完璧じゃない自分を認めよう
自分にも他人にも懐が深いって最強説！

「ウチ、天才じゃない?」

最後に紹介するのが「ウチ、天才じゃない?」って言葉です。

普通、「天才」ってだれも真似できないような、すごい才能がある人にしか使わない言葉ですよね。でも、ギャルは日常的に、自分に向けて使っています。

たとえば「今日は8時に起きられた」とか「洗濯物干せた」とか「出社できた」とか。そのくらい**ごくごく日常的で小さなことに対して「ウチ、天才じゃね?」って言う**んです。

ポイントは「すごい!」でも「偉い!」でもなく、「天才」という言葉を使うところ。ただ褒めるんじゃなくって、**最上級の言葉で自分を褒め倒す**んです。

だって、強い言葉を使えば、その分自分の心も爆アガりだから! 気分がアガれば、どんどん調子に乗れる。ギャルは、自分のモチベを上げるためなら、どんな極端な言葉でも使うんです。

もちろん、友だちにも「それ天才じゃん！」って言うし、おいしいものを食べたときにも「天才なんですけど！」みたいな褒め言葉として使います。人を褒めるときも最上級の言葉を使ったほうが、ずっと喜んでもらえるから。「褒めること」は超大事なことなので、また後でもお話ししますね。

先にも紹介したように、自分を自分でチアしていく。**積極的にセルフで応援していくことで、明るく前向きなマインドをつくれる**んです。だったら、ウザいくらいにオーバーな言葉をたくさん使っていきましょう！そしたら爆速でポジティブマインドをゲットできるから！

Point

日常的に自分にハナマルをあげちゃう
いつでも最上級の言葉で自分を褒め倒す！

Gal Column 2

ギャル語の歴史

2010年代

あげぽよ／さげぽよ／なう／わず／うぃる／リア充／てへぺろ／おこ／テンアゲ／バイブス／りょ／り／ＫＳ／それな／いぇあ／あーね／ワンチャン／パリピ／レベチ／沸いた／よき／らぶりつ／フッ軽／やばたにえん／ありよりのあり／マ？／ちな／フロリダ／スタ連／メンブレ／好きピ／あげみざわ／すこ／ＫＰ／ぴえん／わかりみ／リアコ／かまちょ／メンディー

2010年代に入ると、SNSで流行った言葉が主になっていますね。行動の語尾につけて使う「なう・わず・うぃる」などはTwitterが発祥。プリクラの落書きで書いたりもしていました。「フロリダ(風呂入るから離脱する)」「スタ連（スタンプ連打)」「KS（既読スルー)」などはLINEの文化。「マ？」「ちな」「り」など、極端に短くした言葉もたくさんあります。スマホに打ち込む文字数を減らす意図で、どんどん省略されるようになったのだと思います。また、「いぇあ」「沸いた」「ぴえん」など雰囲気的な、定義が広い言葉も多い印象です。使い慣れない人にとっては意味を理解するのがむずかしいかもしれませんね。

2020年代

やりらふぃー／しか勝たん／きゅんです／してもろて／虹／なめぷ／チョベリグ／がってん／はにゃ？／ずっしょ／ギャルピ／チル／アセアセ／ビジュ／ラグい／きまZ／キャパい／プルい／メンケア／しごでき／尊い

最近ではTikTokで流行したワードや使われる音源の歌詞などからたくさんの流行語が生まれています。代表的なのは「きゅんです」など。「やりらふぃー（パリピに代わる言葉）」「キャパい（キャパシティオーバー）」などSNSに触れない人からしたら、まったく意味がわからない言葉もあるかもしれません。1990年代〜2000年代の流行がリバイバルしていることが、「チョベリグ」「がってん」などの言葉にも表れていますね。また、「尊い」「しか勝たん」などオタク・推し文化からの流行語も増えていて、若者文化でのジャンル融合が進んでいることが感じられます。一方で、今後もギャルは流行語の発信源であり続けます！

その常識、まじでありえないんですけど

第3章

普通ってまったく普通じゃないから！

いつも派手な格好をしているし、メイクも濃い。口調はめちゃくちゃくだけているし、社会のルールを知らなさそう。そんなふうに、ギャルを非常識な存在だと見ている人は多かったりします。

だけどそうではなく、**ギャルはただ「常識を絶対だと思っていない」だけ。**

逆に私は、常識に縛られて苦しい思いをしている子を見ると、「もったいない！」「なんとか助けてあげたい！」って思っちゃうんですよね。

そこで、この章では、そんな「常識を飛び越える」ギャルマインドを紹介していきます！

最初に考えたいのが、「普通」という意味について。

日本では「はみ出さない主義」みたいな考えがすごく根強いですよね。世間の考える「普通」のレールからはずれないのが正義、的な考え。たとえば「大学へ進学して会社員になるのが普通」とか、「女性が子育てをして、男性は外で働くのが普通」とか(これは変わりつつあるけど!)。

そして、そのレールからはずれたら「普通じゃないよ」って〝はみ出しモノ〟のレッテルが貼られます。みなさんもなんとなく、はみ出さないように生きているんじゃないかな。


だけど、「これが普通」ってだれが決めているんでしょう?

本当にそれが正しい考えなのかな?

それって、ずっと変わらない価値観なの?


たとえばちょっと前までは、マッチングアプリで出会って結婚するなんてありえないって考えられていましたよね。でも、今では5人に1人がマッチングアプリで出会って結婚しているんです。

それに2023年のWBCでも大活躍だったメジャーリーガーの大谷翔平選手だって、もともとピッチャーとバッターをどっちもなんてできるはずがないと言われていました。それが今までの普通だったから。でも今では、「二刀流」として広く認められていますよね。

そんなふうに考えると「普通ってなに?」って思いません? 少し時代が変われば、ここまで変わるんです。そんな曖昧な価値観に縛られるなんて、すごくもったいない!

埼玉の地元で暮らしていた頃は、私もまさに〝はみ出しモノ〟に見られていた気がします。中学生らしい格好をしているのが「普通」で、ギャルの格好をしているのは「不良」みたいな。

自分の好きなことが周りの「普通」には入れてもらえなくて、「なんでなんだろ」って呆れちゃうこともありました。

だけど、渋谷に出てギャルサーに入った瞬間、そんな「普通」は私の中から消えたんです！

当時、私のいたギャルサーには関東のいろんな地区から100人以上の男女が集まっていました。だから、上下関係の価値観も恋愛の価値観（どこからが浮気に入るか、とか！）もみんなちがうし、ファッションやメイクもいろんなタイプが入り混じっていた。そういうそれぞれの「普通」を受け止められるのが渋谷のギャルサー文化だったんですよね。

みんなのベースには「あの子はそういうタイプだよね」「育った地元ちがうし、考えがちがうのも当たり前じゃん」って考えがあって、むしろそういう考え方が渋谷の「普通」だった。

あのときから、私は「普通」というワードに縛られることがまったくなくなりました。

大切なのは「普通」「みんな」がどうしているかではなく「私」がどうしたい

かです。どうしたら自分がハッピーでいられるのかは、自分にしかわからないんだから！

もし、あなたが世の中を窮屈に感じていたり、なんとなく息苦しさを感じているとしたら、それは「普通」や「常識」に縛られているサイン。

「私はこうしたい」「私はこう考える」。そうやっていつでも〝私〟を軸にして生きていきましょう！

Point

「普通」ってちっちゃい世界の価値観。絶対じゃない！
「みんな」ではなく「私」を軸にして生きる

「自分らしさ」はコンプレックスの中にある

コンプレックスってだれにでもあるものです。ルックス、学歴、性格。人それぞれ抱える悩みがある。完璧に見える人にだって、きっとその人自身にしかわからないコンプレックスがあるはず。私にも、昔はコンプレックスがありました。でも今は、コンプレックスってむしろアドバンテージだと思っているんです。

そもそも、なんでコンプレックスが生まれるんでしょう？

それは「人とちがう」から。「あの子は二重まぶただけど、私はちがう」とか、「あの人は背が高いけど、俺はちがう」とか。そういう「人とちがう」ところが劣等感や羞恥心をつくり出す。さっきの「普通」からはみ出す、という話にも似ているかもしれません。

だけど、逆に考えてみて！　「人とちがう」って、それだけ個性が際立っているってことじゃないですか？　なんなら、一番自分らしい部分ともいえるかもしれません。もし、ほかの人と見た目も性格も似ていて、スペックも全部被っていたら、自分らしさを見つけられなくない？


これは見た目の話だけじゃなくって、なんだって一緒。

私は高校を中退したので、最終学歴が中卒です。「中卒なんて恥ずかしい」って言う人もいるし、自分の学歴にコンプレックスを抱えている人もたくさんいる。けど私にとっては、それも自分の長所で強みなんです。

だって、大学に行かなかったおかげで、人より若い頃から社会に揉まれて、いろんな経験ができたから。結果的に、まだ同級生が大学に通っている21歳で『egg』の編集長になることもできました。

そして今は、学校の校長を務めている。中卒の校長なんて聞いたことなくないですか？　日本史上初だと思うとめっちゃアガるし、「こんなに成長できるなんて、ウチってどんだけイケイケなの⁉」って思っちゃっています。

そうやって自分でガンガンアゲているから、中卒をディスろうと思う人もいないみたい。批判的な声を受けることもないんです。

こう考えると、中卒って学歴は、私にとって長所どころか、最強の武器になっているんですよね。

くり返します。今みなさんがコンプレックスだと思っているものは、あなたの大事な個性です。それをコンプレックスだと捉えて気分を落とすのか、唯一無二の個性だと捉えて長所にするのか。それは、あなたの考え方次第！

Point

コンプレックスは大事な個性！自分次第で最強の武器にだってなる

苦しいときは「これってだれのため？」と心の声を聞く

スマホを見ても、電車に乗っても、やたらと目に飛び込んでくるのがダイエット系の広告。つまり、それだけ「痩せたい！」と思っている人が多いってことですよね。

「痩せてる」が、そのまま「キレイ」や「幸せ」「健康」というイメージに結びついているんだと思います。これを読んでいるあなたも「痩せたい」って思っているかもしれませんね。

だけど、**一度みなさんの「痩せたい」と思う理由を考えてみてほしい**んです。

なんで「痩せたい」って思っているの？

「細いほうが良いに決まってるから」

「周りがみんな細いから」

「彼氏に痩せたほうが良いって言われたから」

もし、そんな理由で「痩せたい」って思っているなら、それはフェイクです。

だって、自分の気持ちじゃないから。周りの声に流されているだけだから。


私を含めてギャルは、痩せることにそこまで一生懸命じゃありません。スリムな子を見て「かわいい」「キレイ」とか思っても、自分は自分。

ダイエットしたくなったらするし、おいしいものを食べたくなったら食べる。

自分の心に嘘をつくことは絶対しません。これが完全なギャルマインドです！


もちろん、「痩せてる自分が好き」とか「あのモデルさんの体型に憧れてる」という理由でダイエットするのは、とても素敵なことだと思います。周りに流された結果じゃない、「好きな自分」になるための努力だから。

でも、もしもあなたが「なんとなく」周りを意識したダイエットをしているとしたら、一度立ち止まって、自分の気持ちに向き合ってみてほしい。自分の心に、問いかけてみてほしい。

たとえば、友だちからケーキ食べ放題のお店に誘われたとします。最近気持ちが落ちているけど、今食べに行けば、テンションが超回復しそう。でもダイエット中だから、誘いを受けるかめっちゃ悩む。

……イメージできましたか？　ここで自分の心に問いかけるんです。

「私って、だれのためにダイエットしてるんだっけ？」

もしも「自分のため」と思えたなら、そのダイエットは本物です。

反対に、自分じゃないだれかの姿が浮かんだり、世間の声が聞こえてきたなら、そのダイエットは本物じゃない。あなたを幸せにするためのダイエットじゃなくって、あなたを苦しめるだけのダイエットになっている可能性大！

これはダイエットに限らず、人生のいろんな場面で役に立つ問いです。

「私って、だれのためにこんなに働いてるんだっけ？」
「私って、だれのために勉強してるんだっけ？」
「私って、だれのために我慢してるんだっけ？」

こういうクエスチョンに**「自分のため」って答えられないならば、生き方や働き方を見直したほうが良い。**

周りの声に流されず、自分の声に従うのがギャルマインドの鉄則だから！

ちなみに私の場合、2年に1回くらいのペースで「ダイエットしたいかも期」が訪れます。その周期になれば自然とモチベが上がるから楽しくダイエットできることがわかってる。

だから普段はゆる〜く構えて「まあ、そのうちダイエットモチベ上がるし、今日は食べちゃおー」と毎日おいしいごはんをいただいています。周りのギャルもそんな感じの子が多めです。

いつだって、世間の声を鵜《う》呑《の》みにしない。**やっぱり「自分の幸せ」が一番**なんです。

Point

苦しくなったら「だれのためだっけ？」と自分に問いかける「自分のため」じゃなければやめてしまおう

忘れるよりも「上書き保存」！

仕事、恋愛、友だち関係、そして就活や受験。生きていく上で、ネガティブな気持ちになる瞬間って絶対にあります。そんな気持ちは早く忘れたい。

でも、嫌なことほど頭にこびりついちゃうんですよね。

それに対して、ギャルは「嫌なことほど頭に残らない」人間です。その瞬間、どんなに「ムカつく！」と気持ちが沸騰《ふっとう》しても、ほとんど記憶に残りません。

どうしたら嫌な気持ちをなくせるのか。
それには**「上書き保存」**が一番です！　**「楽しい！」「大好き！」「幸せ！」ってポジティブな感情で嫌な記憶を上書きする**こと。

私はギャルサー時代、イベントで踊るパラパラが苦手でした。覚えるのが遅いし経験値も足りなくて……。プレッシャーからパラパラを嫌いになりかけたことがあります。でも、そんなとき「下手でも良いから全力で楽しもう！」という目標に切り替えたら、練習が楽しみな時間に変わっていったんです。結果、上手く踊れるようになったし、最終的にはハッピーな記憶で埋めつくされた！

そんなふうに、良いことや楽しいことで上書き保存したら、嫌なことを頭から追い出せるんです。

というのも、**「忘れよう、忘れよう」と意識しているのって、逆に嫌なことに目がくぎづけになっている状態**なんですよね。そんな状態じゃ心が消耗しちゃう。嫌なことがあったら、まずは別の方向を見て目を離さなきゃ！　好きなことに夢中になっていたら、いつの間にか気持ちは上書きされていきます。

ギャルっていつ見てもめっちゃ楽しそうでしょ？　「悩みなさそうで羨ましい！」ってよく言われます。

でも、ギャルにだって当然嫌なことはある。それなのに、いつもハッピーでいられる理由は、「上書き保存」が上手いからなんです。

ギャルは自分がポジティブな感情になれるものやことがなにかを知っているから、すぐに上書きできる。

ネガティブな記憶に「消去」ボタンはありません。ウチらにできるのは「上書き保存」の一択だけ。失敗や嫌な記憶を引きずりやすい人は、好きなことをガンガン増やしてください。そして「幸せだな〜！」って思いに浸る時間をたっぷりつくっていきましょう。

「嫌」を防ぐより、「好き」を増やす！ これが、いつだって楽しい気持ちで生きていくギャルマインドの秘訣です。

Point

「嫌」な記憶はポジティブな感情で上書き保存
ハッピーで頭を埋めつくす！

マインドの変化はカタチの変化から

みなさんは「自分を変えたい！」って思ったことはありますか？
性格とか考え方とか、自分の内面を変えるのってなかなかむずかしいですよね。
「人はそう簡単に変わらない」なんて言ったりもするし。
そんなときにおすすめの方法があるんです。
それは「カタチから入る」こと！

カタチから入るっていうのは、中身はさて置き、とりあえず外面だけを真似してみること。そういう人のことを「ミーハー」とか「にわか」とか言ってからかう人もいますよね。総じて、カタチから入るのは、あんまり良いことと思われていない風潮があります。

たしかにここまで何度もお話ししてきたように、ギャルにとって大切なのは、外見ではなくマインドです。つまり中身が変わらないとまったく意味がない。カタチだけ真似してもなにも変わらないと思うかもしれません。

でも人間って、超単純な生き物なんです！

見た目が変われば、絶対に心も引っ張られて変化していく。だから内面を変えるには、カタチから入るってめっちゃ有効なんですよね。

実際、ギャルはそういう子が多いんです。みんな最初は普通の子。それがファッションとか、メイクとか、わかりやすいギャルアイテムを取り入れていって、だんだん強いギャルマインドをゲットしていくんですよね。

人見知りで引っ込み思案だった子だって、ギャルメイクをするうちに、いつの間にかギャルマインドに変わっていたっていうのを私は何度も見てきました。

ほかにも、着ているものに立ち振る舞いが影響されることってありますよね？　たとえば、着物を着たらいつもよりおしとやかに振る舞えたり、毎日スーツを着ていたらいつの間にか社会人っぽい態度になっていったり。

私も、「ギャル雑誌の編集長」から「学校の校長」へと意識がパチッと切り替わったのは、カタチがきっかけでした。ジャージを着たりギャルファッションをしたりして出社していたところを、スーツやジャケットに変えたんです（もちろんスーツも、かわいい色やオーダーメイドで自分の気分がアガるヤツ！）。

そのおかげで、「イケてる〝校長〟らしくしよう！」ってモチベがぶち上がったし、ピシッと背筋が伸びる感覚がありました。

だんだんと周りの人も「校長！」って呼んでくれるようになって、カタチから入ることの良さを実感したんです。

もちろん、内面を変えたいとき以外でも、カタチから入るのは良い方法です。料理ができるようになりたいから、気分がアガる食器をそろえる。

仕事ができるようになりたいから、先輩と同じタスク管理アプリを使う。

サーフィンができるようになりたいから、自分好みのボードを買う。

カタチから入ることで、自分の意識が変わるし、やる気もぐんとアップします。

あれこれ考える前に、まずは「カタチ」から入るという行動を起こす。そこに足を踏み入れるからこそ見える世界もあるはず！

カタチから入るって、憧れや目標へ近づく第一歩なんです！

Point

見た目が変われば、心も変わる
変化の第一歩は「カタチ」からでもOK！

夢は「こまぎれ」にして毎日叶える！

「あなたの夢はなんですか？」

この質問、みなさんはなんて答えますか？

「子どもの頃はあったけど今はとくにないなあ」って人が多いかもしれません。

その理由は、「夢」イコール「なりたい職業」や「成し遂《と》げたいこと」みたいなイメージがあるから。おかげで、なにか大きなことを言わなくちゃいけないと思ってしまうのかもしれません。

実際、私が相談を受ける中でも「将来の夢が見つからない」と悩む若い子はたくさんいます。

でも、**夢って小さくても良いんです！　むしろ私は、小さい夢をいっぱい持つことのほうが大事**だと思っています。

たとえば、「お金持ちになりたい」という大きな夢を持つのではなく、それを「こまぎれ」にする。あの店のステーキが食べたいとか、イルカと泳ぎたいとか、バリ島に行きたいとか、サーフィンがしたいとか、小さな夢に分けていく。こういう「やってみたいこと」レベルの願望を「夢」って言っても全然ＯＫなんです。

夢は小さければ小さいほど、格段に叶いやすくなります。ほら、「お腹いっぱいケーキを食べたい！」っていう夢だったら今日にでも叶えられるでしょ？

そして、願いが叶うとうれしいし、達成感が得られますよね。そういう**成功体験が、自信とか前向きな気持ちを育んでいく**んです。

それに、小さい夢って自分の力でどうにか叶えられることが多いじゃないですか。つまり「どうやって叶えようかな」「いつやろうかな」ってリアルな想像ができる。それって超ワクワクしませんか？

夢を叶えるのにワクワクしていると、毎日の「楽しい」度がぐんと上がるんですよね。


夢を考えるときに大切なのは、「大きさ」よりも「数」！


なにか立派な夢を探して「やりたいことがない」って悩まなくて良いんです！だれだって「やってみたいこと」なら、すでにたくさん持っているはずだから。

オリンピック金メダルレベルのでっかい夢をひとつ持つより、食べたいものとかほしいものとか行きたい場所とか、日常レベルのちっちゃな夢を100個持って、毎日のようにそれを叶えている人のほうが絶対人生ハッピーです。

もちろん、私にも夢が100個以上あります！　叶っていくものもたくさんあるけど、新しくできるもののほうがずっと多い。だから夢が年々増え続けているんですよね。

ギャルの未来には希望しかありません。みんなどんどん夢を増やして、叶えて、ワクワクしながら生きています。

みなさんも、日常的なプチ夢をどんどん増やしていきましょう。それだけで、未来に希望を持って、前向きに成長していけるはず！

Point

夢＝「やってみたいこと」と考える
プチ夢を毎日叶えていくことで自信と前向きさを育んでいく

ギャル VS ヤンキー

Yankee

昔はギャルとヤンキーは、やっていることやマインドがけっこうちがったみたいです。でも、今私の感覚でいえばギャルとヤンキーは紙《かみ》一《ひと》重《え》。「流行に敏感かどうか」くらいのちがいしかありません。ギャルの中にも、単車とか好きな子もいるし、地元でヤンキーしていた子が高校に入ってギャルになることも多いです。今でも残るちがいといえば、ヤンキーのほうが上下関係にもっと厳しいイメージかな。ギャルも礼儀には厳しいんだけど、上からの命令や呼び出しがあるわけじゃなくて、上下関係なく仲良くなっている子がほとんどだと思います。

共通点

自分が最強だと思うマインド

ちがい

上下関係に厳しめなのがヤンキー
みんな仲が良いのがギャル

ギャル

VS

オタク

Otaku

ギャルとオタクって正反対の存在だと思われることが多いけど、私はめっちゃマインドが似ていると思っています。だってオタクも、オタクじゃない人からしたら考えられないことをやったりするでしょ？　たとえばコミケでコスプレしたり、痛バ（推しのグッズをつけたバッグ）を持ったり、グッズに超お金かけたり。最近はギャルの中にもアニメを観ている子がめっちゃ多くなっている印象です。K-POPアイドルに推しがいる子もたくさんいる。「中身はTO（トップオタ）」っていうギャルもいて、そういう子を見ると、やっぱりギャルもオタクも好きなことに一途だよなって思います。

共通点

好きなことをとことん追求する

ちがい

主役が自分なのがギャル
推しなのがオタク

第4章

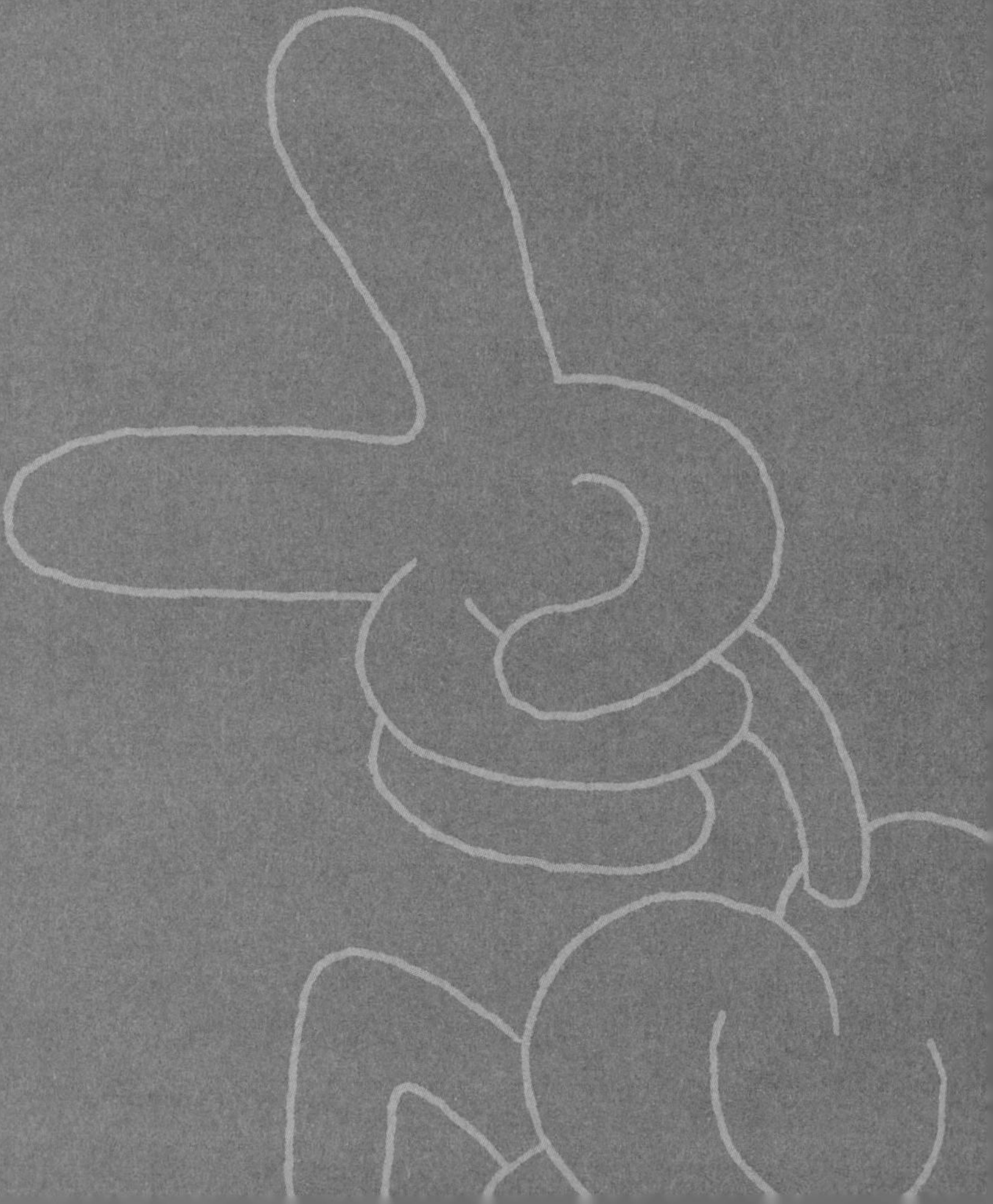

人間関係はギャルに学べ！

コミュ力よりも大事なハグ力

ギャルマインドが一番発揮される場所。それは間違いなく人間関係です。仕事だって、職場の人間関係さえ上手くいっていればそれなりに楽しいですよね。プライベートでも、家族や友だちとの人間関係が一番大事だったりもする。

そして、**ギャルは人間関係を築く天才**なんです！　だれとでも仲良くなれるし、だれに対しても超フラット。ギャルが明るく楽しく生きている大きな理由のひとつに「人間関係のストレスがない」ことが挙げられます。

この章では、そんな対人ギャルマインドをたっぷりお伝えしていきます！

みなさんは自分の「コミュ力」に悩んでいませんか？

コミュ力に自信がないとか、もっとコミュ力を身につけたいとか。人間関係以外に、仕事や就活なんかでもコミュ力が大事だって言われますよね。

でも、本当に大切なのは「ハグ力」なんです！

ハグ力っていうのは、相手を受け止める（＝ハグをする）**力のこと。**あえて言葉で説明するなら、「なんでも受け入れるよ」「あなたの個性はなにも否定しないよ」みたいな感じ。

コミュ力の根っこにある力って言えば良いのかな。そうやって相手をハグするところから、本当のコミュニケーションがはじまります。

実際、ギャルは否定から入ることをしません。ちょっとくらい意見のちがう人に会っても「超ウケる！」とおもしろがるところから入る。**自分の個性を大事にする代わりに、相手の個性もしっかりと受け入れる**んです。

だから一気に距離が縮んで、本音で話せるようになる。

逆に言うと、ハグ力が低い人は、否定から入ることが多かったり、自分とちがう意見に耳を貸さないところがあるのかもしれません。

小中学生時代、私は「ギャル軍団」と呼ばれる、ファッションが好きだったりギャルに憧れていたりするグループにいました。ギャルの格好をして、いつもにぎやかな感じだったかな。

でもクラスには、スポーツ好きの活発なグループや、アニメや映画、アイドルで盛り上がるエンタメ好きなグループもあって、私はグループのちがう友だちもいっぱいいいました。中でも漫画好きな子と仲が良かったです。その頃から私は漫画が大好きだったから、おすすめを教えてもらったり、感想を言い合ったり。たくさん話して、超楽しかった！

これはまさに、私にも相手にもハグ力があったからできたこと。お互いのタイプのちがいを否定せずに、心を開いたから仲良くなれたんだと思っています。

私はちがうけど、もちろんギャルにだって人見知りする子はたくさんいます。自分からガンガン話しかけるタイプばかりじゃない。それでも、みんな人間関係を築く達人なんです。

なぜなら、ギャルはもれなくハグ力を持っているから！

これって性格とか才能の問題じゃなくって、まさにマインドひとつでだれでも身につけられることなんですよね。

自分の好みとちがうファッションの人にも「これもかわいい！」。自分と真逆の意見を言われても「そういう考え方もあるかー」。世代がちがう人の話にも「へえー、勉強になる～」という感じで。

こんなふうに考えて**相手のことを受け入れていけば、その思いは必ず相手にも伝わります。**そして絶対、良い関係につながっていきます。

人間はみんな、受け入れられることを求めている。私だってそうだし、これを読んでいるあなたもきっとそう。

自分のことを受け入れてほしいし、受け入れてくれた相手とは、もっと距離が縮まるはずです。
相手をまるごと抱きしめる「ハグ」のマインド、ぜひ忘れないようにしてください！

Point
コミュ力の根幹は「ハグ力」
相手の心を抱きしめてあげよう！

「あだ名」はアプローチの切り札

仲良くなりたいと思った人にアプローチするためのとっておきのギャル流コミュニケーション術。それは、**あだ名を活用する**ということ。これはギャルならみんな無意識にやっていること。

子どもの頃はあだ名があった人も、大人になるとほとんど使わなくなりますよね。でもギャルには、いくつになってもあだ名で呼び合う文化があります。

ギャルって人のキャラクターとかチャームポイントを瞬時に掴むのが得意なんです。人の良いところやその人らしさをあだ名にして呼ぶことで、短期間で仲良くなれたり、普通に名前を呼ぶよりも距離が縮まったりするのがギャルのコミュニケーション。

もちろん自分にもあだ名をつけて発信します。『egg』モデルも、みんな特徴的で人と被らないようなあだ名を持っているんです。たとえば「ゆうちゃみ（ゆうな）」「えりぴ（えりか）」「まなぺこ（まなみ）」とか。

あだ名があると覚えやすいし、呼びやすい。歳がちがう人と仲良くなるときにも、○○さんとか○○先輩って呼ぶより、距離が縮まりやすいです。大人でも、親になっても、あだ名で呼び合う文化が生まれたら、超楽しそうだなーって思います。あだ名をアプローチの切り札に、人との距離を縮めていきましょう！

Point

人のキャラクターやチャームポイントをあだ名にして、いくつになってもあだ名で呼び合おう

回りくどい伝え方だるくない？

みなさんは普段、回りくどい伝え方をしていませんか？

なかなか要件を言わないとか、建前を言うとか、相手が察してくれるのを待つとか。仕事をしていると、そんな回りくどい伝え方がクセになっている人が多いなーと感じます。ストレートに伝えると相手を傷つけたり、怒らせたりすると思っているのかもしれません。

でもやっぱり、**コミュニケーションはシンプルが一番！**　そのほうが、ずっと人間関係が上手くいきます。

というのも、回りくどい伝え方って誤解のもとになるんですよね。

言葉が遠回しになると、伝えたいことがはっきり伝わりません。すれちがいが生まれるし、ムダなやり取りが重なってどんどん疲れちゃう。「理解できない」のも「理解してもらえない」のも、どっちもめちゃくちゃストレスが溜まります。

それに、相手が本音でしゃべっているのか、建前でしゃべっているのかって、なんとなくわかるじゃないですか。で、建前ばっかり言う人のことは、どこか信用できなくなる。「それは良いから、本音ではどう思ってるの？」って聞きたくなっちゃいません？

コミュニケーションって丁寧さよりも、正直さが大事だと私は思います。

だから、シンプルなコミュニケーションを意識してみてください！

結論は先に言う、はっきり要求を伝える、気持ちを素直に口にする。

すると誤解なくお互いの気持ちが伝わって、コミュニケーションがスムーズになります。ムダに時間がかかることも、すれちがいが生まれることもない。

私がギャルとしゃべっていて楽だなーと感じるのは、みんな思っていることを素直に口に出してくれるから。率直だからわかりやすいし、裏表がないから信頼できる。

こちらのミスを指摘されたり、自分とちがう意見を出されたときも、不思議とムッとしたりはしません。それが正直な気持ちなんだとわかるから。

むしろ、遠回しに嫌味を言われるほうが、何倍も嫌な感じがします。


言葉は大事。でも、「伝え方」はもっと大事！

相手を怒らせないようにしゃべっているつもりが、余計にイライラさせる話し方になっていることってよくあります。

シンプルに本音ベースのコミュニケーションを心がけましょう！

Point
シンプルな言葉で正直に伝える
裏表のない態度が信頼を生む

照れずに褒める、照れずに喜ぶ！

「おめでとー！」「すごい！」「まじ天才じゃん！」みなさん、周りの人の頑張りをちゃんと褒めていますか？　心から、大きな声と拍手で褒めていますか？

褒めるのを恥ずかしがる人って意外と多いんですよね。これはものすごくもったいないこと。せっかく褒めるチャンスがあるのに、「恥ずかしい」って理由で逃しちゃうなんて。もう、**人を褒めるときには恥ずかしさなんか忘れて、感情全開にしてテンションMAXで褒め倒してください！**

感情が見えない褒め言葉って、どこか嘘っぽいというか、お世辞っぽかったり、社交辞令みたいに映ってしまいますよね。だから褒めるときには、照れずにガチで褒める。相手が笑っちゃうくらいに褒める。それくらいでようやく心からの気持ちが伝わります。

ちなみに、私は人を褒めることが大好きです！　相手の喜ぶ顔を見ると自分も超うれしくなるから。毎日出社したら挨拶代わりにみんなを褒めているかも。

一方、褒められたとき。みなさんはどんなリアクションをしていますか？「いやいや」「そんなことないです」とか、一旦謙遜《けんそん》するのが暗黙のルールみたいになっていますよね。

でも、**褒められたら全力で喜んだほうが良い**に決まっています。これはあなたのためにも、褒めてくれた相手のためにもなるから。

私がこんなふうにアドバイスすると「いやいや、あれはお世辞だから」って言う人がいるんですよね。

だけど、少しくらいお世辞が混ざっていても良くないですか？　1ミリもそう思っていなかったら、その言葉が出てくるはずなんてないんだし。思ったことを、ちょっと盛って話してくれているんだなって思えば良いだけです。

謙遜するクセがついちゃうと、なかなか自己肯定感が上がってくれません。**自己肯定感は褒め言葉を素直に受け取って、照れずに喜びまくるからこそ、高まっていく**ものです。クールに謙遜なんてしなくて良いんです！

人間関係の中で、照れは禁物。褒めることに照れず、褒められたときにも照れず、自分の感情をどんどん全開にしていきましょう。

大丈夫、褒めるのも褒められるのも、間違いなく関わる人全員をハッピーにできることだから！　照れないマインド、まじで超大事です！

Point

ハイテンションで人を褒め倒し、褒められたら全力で喜ぶ
褒められ言葉は自分をアゲる燃料にしよう

お説教には「感謝」と「スルー」を使い分ける

職場の人間関係で、一番つらいと感じるのは「叱られること」かもしれません。とくに若い頃はミスも多いし、叱られる場面が多いのも当然。叱られたことを気にするあまり、心を病んじゃう人も多いと聞きます。

そんなときに意識してほしいのが、**「ふたつの耳で聞く」**というマインド！ 右の耳と左の耳を上手く使い分ける感覚って表現したら良いのかな。

まず、私は叱られるのって良いことだと思っています。開き直っているんじゃないですよ！ だって、自分ひとりでは気づけなかった未熟なポイントを教えてもらっているんだから。**ミスをしたのは自分なんだし、叱ってもらえるのは、成長する余地がある証拠**って思う！

逆に、だれからも叱られなくなったときのほうが怖いですよね。だって、叱られないと成長のチャンスが奪われるかもしれないから。叱ってくれたり、忠告してくれたりする人のいない上の立場の人とかは、すごく大変だと思う。

だから、正しく気持ち良く叱ってくれる人のことは大歓迎！「ありがとうございます！」っていう感謝の気持ちでしっかり受け止めます。

これがひとつ目の、右の耳の話です。

ところが、世の中には、改善点を伝えるのにかこつけて、まったく関係ない言葉までぶつけてくる人もいますよね。口汚く怒鳴る人とか人格攻撃する人とか。

そういう言葉は全部、左の耳で**「こういう伝え方をする人なんだな〜」ってスルーしましょう！**

心の中で「もったいないなー。こんな伝え方じゃ、周りから人がいなくなるだろうな」みたいに思えば良いんです。

間違っても、そんな人からの攻撃で傷を負う必要はありません。むしろ伝え方をミスっているのは、向こうなんだから。

良いですか？　お叱りの「内容」は右の耳でしっかり聞く。自分の不足点を受け止めて、成長につなげましょう。

そしてお説教の「伝え方」は左の耳でスルー。とくに怒鳴ったり人格攻撃をしたりするような伝え方は、オール聞き流しでOKです。

私たちはふたつの耳を持っている。**受け止める耳と、受け流す耳。**このふたつを使い分けると、自分の心を守りながら、ちゃんとレベルアップしていけるはずです！

Point

お説教は「内容」と「伝え方」を分けて聞く
心ない伝え方に惑わされちゃダメ！

「嫌な人」を「おもしろい人」にするマインド

世の中にはどうしても嫌な人がいる。これはもう、避けられないことです。でも、そういう嫌な人の「嫌なところ」って要するに「ヘンなところ」なんですよね。理不尽なことでキレてくるとか、超独特なこだわりを押しつけてくるとか。「嫌だな～」と思ったらどんどん苦手になっちゃうけど、「ヘンな人～」と思ったらちょっと距離を取って客観的に見られると思いませんか？

そうやって、嫌な人の「嫌なところ」を「ヘンなところ」に変換できたら、それをおもしろがることだってできるんです！

これは「コンプレックス」のところでもお話しした、とっておきのギャルマインド。

たとえば関東と関西って、いろんなちがいがありますよね。言葉もちがうし、料理の味もちがうし、人気の芸人さんや、エスカレーターの乗り方もちがう。そういうちがいを「嫌だ！」って否定しちゃえば、そこでおしまい。

一方、「自分とちがって、ヘンでおもしろいなー」と思えたら、旅行や出張、交流も楽しくなるはずです。

とくに海外旅行が好きな人は、そういう「ちがうところ」や「ヘンなところ」に出合うために出かけているようなもの。それくらい、「ちがい」っておもしろいんです。

人間関係も同じです。**最初は自分とのちがいにびっくりするけど、だんだんとそこがおもしろくなっていく。**マニアックな趣味を持っている人とか超おもしろいし、急にキレはじめる人だって、一歩引いてみたらおもしろいものです。

『egg』には、いろんなギャルモデルがいました。ギャルマインドはみんなに共通しているんだけど、それぞれ、オタクだったり、メンヘラだったり、ゲーマーだったり。ちょっとヘンなところを持っている子が多かったんです。
でも、知らないことをたくさん教われていつも会話が楽しかったし、いろんな視点で物事を考えられるようになった。視野が広がって、企画の幅もぐっと広がりました。

そうした経験は、今の校長という仕事にもすごく活《い》きているんです。とくに、ギャルだけでなくいろんな生徒たち、親御さんたちを相手にコミュニケーションを取る上では、自分の中に複数の視点を持てていることが、大きな強みになっていると思います。

だから私は、自分とちがうタイプの人と出会えることって、ものすごいチャンスだと思っているんです！　**知らないことを教えてもらうチャンスだし、自分の視野を広げるチャンス。**
それを避けて通るのは、すごくもったいないです。むしろ**自分とちがう人たち**

との出会いを求めて、自分とちがう人たちのおもしろさを発見していくことが、仕事や人生を豊かにするんじゃないのかな。

嫌な人はヘンな人。そしてヘンな人はおもしろい人。そんな発想の転換で、人間関係を見つめ直していきましょう！

Point

相手の「ヘンなところ」は自分とちがうってだけのこと
ちがいを知るから人生は豊かになる

「相手のため」なら
お節介もアリ！

だれだって、人から嫌われるのは嫌ですよね。険悪ムードは苦しいし、言い合いなんてもってのほか。だから、言いたいことがあっても我慢する。そういう人はとても多いと思います。

だけど、とくに**相手が自分にとって大事な人だったら、ときには厳しいことを言うことも必要**です。

たとえば、遅刻グセの抜けない仕事仲間がいたとき。遅刻が続いて損をする（信用を失う）のはその人ですよね。だから最初の何回かはかばってあげるにしても、あんまり続くようならちゃんと「直したほうが良いよ」って言う。

そこで**「嫌われたくないし、言わないでおこう」**は相手のためになりません。

逆の立場で想像してみて。もし自分に間違いがあったとき、だれにも指摘されないままだったら。信用を失って、ひとりぼっちになったとしたら。それってめちゃくちゃつらくないですか?

そう考えると、**悪いところを素直に指摘してくれる人のほうが、頼りになる**って思いませんか? 自分のことを思ってくれているんだって、うれしくなりませんか?

もちろん、注意したそのときは「なんかウザいな」って思われるかもしれません。でも大丈夫です。本気で相手のことを思っていたら、絶対気持ちは伝わるから! そしたらむしろ、信頼関係がより深まるきっかけにだってなるはずです。

実際、私も『egg』編集長時代、モデルの子たちには、しっかり叱るようにしていました。

『egg』に入ってくる子は、ほんとに地元でギャルしていましたって子ばっかりだから、働いたこともなければ、最初はやる気の見えない子もいたりしたんですよね。遅刻したり、撮影中にだらけていたり……。

叱るときは、感情的にならないように一呼吸置くことや、その子のためになるようにちゃんと理由も説明することなんかを心がけていました。

それでも、最近になって「あのとき編集長めっちゃ怖かったです〜」って言われることもあるので、きっと厳しかったんだろうな（笑）。

でもけっきょく、そのおかげで、みんな私のことを信用してくれるようになってチームワークが強まったし、みんなどの現場に行っても褒められる良いモデルに育ってくれたんです。

表面的な居心地の良さを優先していると、関係だって上辺だけのものになってしまいます。

相手を大事にするって、相手の機嫌を取ることじゃない。ましてや、自分がどう思われるかなんてどうでも良いこと！

本当の意味で「大事にする」って、「相手がどうなったら幸せになれるのか」を考えることだと思うんです。

衝突を恐れてばっかりの関係は、本当に信頼ができている関係とは言えません。ほど良い衝突を乗り越えてこそ、強い絆ができるんだと思ってください！

Point

自分がどう思われるかはどうでも良い
指摘することで絆が深まることも！

仲間の「声」で気持ちはカムバする

人間関係に疲れたとき、みなさんはどうしていますか？
さっさと仕事を切り上げて、映画でも観に行く？
家に帰ってＹｏｕＴｕｂｅ三昧？
それとも好きなお菓子をドカ食いする？

私のおすすめは、「**仲間の声を聞くこと**」！　友だちにＬＩＮＥするのも良いし、なんなら顔を思い浮かべるだけでもＯＫです。

私の感覚だけど、映画を観ても、音楽を聴いても、ＹｏｕＴｕｂｅで大笑いしても、どこかさみしさが残っちゃう気がするんです。やっぱり、**人間関係の中で溜まった疲れは人間関係の中で癒やしてもらうのが一番**だと思う！

そして仲間は、どんなときだってあなたを応援してくれる存在。「あの人だったらきっとこう声をかけてくれるはず」とか「あの人だったら絶対に励ましてくれる」と思うだけで、不思議と力がみなぎってくるんです。たとえ相手がそこにいなくても。

私はあんまり落ち込むことがないんですが、それでもいろいろ重なって切羽詰まっちゃったときには、相方（親友、一番の仲間的な存在）に何気ない連絡を取ります。別に状況を相談するわけでもなく、ただいつもどおりの、どうでも良い会話を重ねるだけ。

だけどそれだけで、「もうちょい頑張るか〜！」って気持ちが湧いてくるんですよね。

私がこんなふうに言うと、「自分にはそこまで信頼できる仲間がいない」と落ち込んじゃう人がいます。でも絶対そんなことない！

学生時代の同級生とか、趣味仲間とか、子育て仲間とか、いろんな仲間がいますよね？

その中に、なんかめっちゃ気が合った仲間や、境遇が似ていてライバルとも思えるような仲間が、ひとりやふたりはいたはず。

たとえ何年も会っていなくても、連絡先を知らなくても、まったく問題ありません！

その人たちは、会えばきっと味方になってくれる人だし、励まし合える人。変わらずあなたの仲間です。

もちろんSNSだけでつながっている仲間でも大丈夫です。**自分の人生にいた仲間たちを思い出して、元気を分けてもらいましょう。**

ギャルにはたくさんの仲間がいます。

それは、一度「仲間」認定した子とは、記憶の中で永遠に交流が続くから。会わなくなっても仲間だし、遠くに引っ越しても仲間だし、ケンカ別れしても仲間は仲間なんですよね。

みなさんも、**もっと「仲間」のハードルを下げて、たくさんの仲間からパワーをもらいましょう！**

Point

仲間はあなたの心の中にいる！
人間関係の疲れは仲間で癒やそう

フッ軽で生きる、これ最強！

もし、職場の人間関係や仕事の状況が我慢できないものになったら、さくっと転職しちゃうのも良いと私は思っています。
「転職する」ってすごく重大な決断のように思えますよね。「一度会社に入ったら、長く勤めるものだ」という価値観はまだ残っているし、とくに若いうちに会社を離れるのを悪く思う人がいたりもする。だから、なかなか勇気が出ないかもしれません。

でも、そんなに重たく考える必要ってありますか？
たとえば、買ってみた靴のサイズが合わなかったら返品しますよね？

職場を替えることも、それくらいの感覚で決めても良いんです。

転職を思い留《とど》まらせるための決まり文句に「石の上にも三年」があります。同じ場所で我慢強く耐えていれば、いつか必ず成功する、みたいな意味。

けどこれって、もはや〝古語〟だと思うんです。だって今の時代、3年も経てば世界はがらっと変わるじゃないですか。3年も我慢して同じところにいたら、逃すチャンスもいっぱいあると思いませんか？

もちろん、転職ってすごくエネルギーのいることです。転職活動もそうだし、上司に打ち明けるのも勇気がいる。でもそれは悩むところじゃない！ **どうせいつか辞めるんなら、すぐ動いたほうが絶対にお得**です。頑張るのなんて、まじで一瞬だから！

そして、フットワークの軽さが大事なのは転職に限った話じゃありません。

人間関係を変えたいとき。

なにかに行き詰まったとき。

やりたいことが見つかったとき。

そんなときは、**フットワーク軽く行動を起こしてみるのが吉**です！


2022年の春に『egg』の編集長を引退した後、私はフッ軽にいろんなことをやってみました。中でも印象深いのが、原付での日本一周！　昔から「日本一周」って夢のひとつだったんですよね。

でも元から計画していたわけじゃなくて、「そういえば日本一周しちゃっとこう！　今がチャンスじゃん！」ってノリで。思い立ってから3秒後には周りのみんなに宣言していました。

そして実際に、その次の日から旅の準備をはじめて、1ヶ月後には出発！

まさにフッ軽すぎる行動だったけど、旅の間はずっとワクワクが止まらなくて、ほんとーに楽しかった！

そうやって思い立ったタイミングで実行できるチャンスがあるって、めちゃくちゃラッキーだなと思います。

よく「ギャルは軽い」って言われるけど、私はこれ、褒め言葉にしか聞こえないんです。だって、なんでも重たく深刻に考えても、人生つらいだけじゃないですか？　私は毎日ハッピーに楽しく生きていきたいし、チャンスを逃さず、なんにでも飛びつける人でいたい！

不真面目な態度で仕事に臨むのはダメだけど、**軽い発想と軽いフットワークはまじで大事**です！

Point

さくっと転職もOK
発想も行動もフッ軽でいこう！

『GALS!』

藤井みほな 集英社

渋谷最強のカリスマ女子高生、寿蘭ちゃんが主人公。ギャル漫画の金字塔的作品で、私にとってもバイブル！ 1990年代の渋谷やギャルの勢いを思いっ切り感じられる漫画です。とくに蘭ちゃんと仲間たちとの友情がアツい！

『ギャルサー』

「ギャルサー」DVD BOX発売中　発売元：バップ

2006年、日本テレビ系列で放映。ギャルサーやパラパラが世間的に周知されるきっかけになったドラマです。謎のカウボーイが、渋谷最大のギャルサー「エンゼルハート」のギャルたちのトラブルを解決していく青春コメディ！

©NTV

『ピーチガール』

上田美和 講談社

見た目は超ギャル、中身は純真な女子高生の安達ももちゃんの複雑な恋愛模様を描いた長編漫画。今降り返れば、実はももちゃんは弱めギャルなんだけど、小学生の頃はいじめにもたくましく立ち向かう姿に超憧れてた！

『ギャルと恐竜』

原作：**森もり子**　作画：**トミムラコタ**　講談社

酔った勢いで恐竜を家に泊めてしまい、ルームシェアするようになったギャルと恐竜の生活を描いた漫画。サバサバしつつも優しかったり、ポジティブでフレンドリーだったり、主人公の楓ちゃんをとおしてギャルを知れる作品！

『ONE PIECE』

尾田栄一郎　集英社

©尾田栄一郎／集英社

主人公ルフィが仲間たちと一緒に海賊王を目指す冒険譚。小学生の頃から大好きな漫画！　一見ギャルとは関係ない作品に思えるけど、主人公マインドや仲間の大切さとかは、『ONE PIECE』を読むのが一番深く学べる気がする！

『egg』

エイチジェイ

©株式会社 大洋図書／egg編集部

やっぱりギャルのことが一番よくわかるのは『egg』しかない！　子どもの頃から私のバイブル！　ファッション誌じゃなくてカルチャー誌だから、企画も満載で、そのときどきのギャルの生態がリアルにさらけ出されているんです！

仕事をやり抜くギャルパワー

第5章

口グセひとつで気分がアガる

今、ビジネスにギャルマインドを取り入れる企業が増えているって知っていますか？

企業にギャルを派遣して業務を一緒に行うサービスが人気を呼んでいたり、資料づくりをギャルに手伝ってもらったりする企業が出てきたりしているんです。

それもこれも、**先入観や固定観念のないギャルの視点が新鮮で、ギャルがコミュニケーション能力に長《た》けている**から。

そこで、この章では、仕事で役立つギャルマインドを紹介していきます！

よく「忙しい、忙しい」って口グセのように言っている人がいますよね。たしかに、仕事に追われることはだれにでもあると思う。

でも、「忙しい」って口に出すのはめっちゃマイナス効果！　言えば言うほど気が急《せ》いて余裕がなくなっちゃうから。

口グセって気づかないうちに、自分に暗示をかけているみたいなものなんですよね。


たとえば、自分がなにか作業をしているとき。だれかに隣で「ヤバいよ、まじで時間ないよ〜」って言われ続けたら、どうですか？　実際の残り時間にかかわらず、絶対焦っちゃいますよね。そのせいでミスをするかもしれない。

「忙しい」を口グセにするのって、これをセルフでやっている感じなんです。


だから、どんなにドタバタしているときでも、「忙しい」はNGワード！

スケジュールがヤバめなときでも、やることが溜まっていても、絶対に「忙しい」とは言わない。「あれもやらなきゃ、これもやらなきゃ。忙しい！」と言う代わりに「あれもやりたい、これもやりたい」とか、「やりたいことがたくさんある！」って言いましょう！　そしたら「よし、全部やったるで！」みたいに前向きなマインドになっていくから。

もちろん、NGワードは「忙しい」だけではありません。

みなさんには、仕事に後ろ向きになっちゃうような口グセってないですか？　「だるい」とか「めんどい」とか「疲れた」とか。

「だるい」は「こうしたら楽しいかも！」に、「めんどい」は「先に終わらせよ！」に。「疲れた」だって「自分頑張ってる！」に置き換えられます。

ほら、こうやって言葉を変えるだけで、気分もがらっと変わってきません？

ほかに私がよく使うポジティブ変換ワードは、「勉強」とか「経験値」って言葉！　壁にぶつかったときとか、上手くいかなくて凹みそうなときに、「勉強になったわ〜」「経験値上がったわ〜」って言うんです。

こう言うと自分がどんどんレベルアップしているみたいで、前向きになれるんですよね。

口グセって、確実に自分の心を左右します。だったら、そのパワーを利用して、ポジティブなほうへ心を誘導するのが絶対良い！

勢いをくじくネガティブワードはＮＧワードに設定して、やる気が出るポジティブワードに変換する。これは今日からできるくらい簡単で、一度身につけたら一生使えるスキルです。

口グセの力を上手く使って、ヨユーを持って毎日楽しく仕事をしていきましょう！

Point
言葉はポジティブに変換
口グセが心を左右する

忠犬よりもネコになろう！

働くギャルの自由さを見ていると「ネコっぽいな〜」と思うことがあります。のんびりするときはちゃんとのんびりして、やる気スイッチが入ったらビュンビュン駆け回って。ご主人（上司）の顔色なんて一切お構いなし！　自分のペースで、自分を超大事に生きている感じ。私自身、完全にネコ属性です。

それに対して、昔ながらの会社員の方々って、ちょっと犬属性ですよね。上司の言うことをなんでも聞いて、いつも上司の顔色をうかがって。日本企業の特性ともいえるのかな。

今の時代は、自由に生きるネコをお手本にするのが良いんじゃないかなって思います。組織の犬になるんじゃなくて、組織のネコになる。しかも、みんなから愛される、超かわいいネコです！

実際、みなさんの会社にもいませんか？

周りと群れず、自分のペースで働きながら、それが個性として認められている人。たとえばひとりだけ飲み会に全然来ない。だけど会社ではみんなとよく話していて、みんなから好かれている、的な。

そういうネコ属性の人は隠れギャルマインドの持ち主だと思う！　組織の中にいても、自分が主人公だから、マイペースでいられるんですよね。

そして**今の企業は、そういう物怖じしない個性の持ち主を求めている**んじゃないかな。会社の忠犬になることが求められた時代はもう終わったんです。

じゃあ、どうしたらネコっぽくなれるのか。

それは、ここまでお話ししてきたギャルマインドを思い出せば良いんです！

まず自分軸で生きる主人公マインドですね。それから合わない人とは合わないと割り切る「てか、しょうがなくない？」のマインドも大事。あとは「ぬかりある系」の自分を受け入れるマインドがあれば完璧かな。

犬とちがって、ほとんどのネコは「お手」もしないし、「おすわり」もしません。自分のやりたいことに集中していて、それでもって家族から愛されている。予測できない行動がチャームポイントになっているんです。

今、企業がギャルマインドに注目しているのは、まさにこの「予測できない自由さ」が魅力的だから。

組織に新しい風を送り込むくらいのつもりで、思いっ切りネコを目指しましょう！

Point

マイペースで自由気ままに働く予測できないパワーを発揮するネコになる

「好き」の力でモチベを上げる

仕事をしていると、モチベーションが下がることってありますよね。やりたい仕事に就いている人でも、十分ありえることだし、「今の仕事じゃモチベ上がんないのもしょうがない」とすでに諦めちゃっている人もいるかもしれません。

でも私は、モチベって人とか仕事に左右されるものじゃなくて、自分自身でコントロールするものだと思っています。モチベーションを上げるのって、実はめちゃくちゃ簡単なんです。

その方法は「好き」の力を借りること！ 好きなものに囲まれたり、好きなものを身につけたりすることです。

私の場合、一番わかりやすいのはネイルです。パソコンを打つときって自然と自分の手が目に入るじゃないですか。そのときに大好きなネイルがバッチリキマっていると、それだけでモチベが爆上がりするんですよね。

ネイルをしない人だったら、腕時計とかちょっと高級なペンとかがそんな感じなのかな。

あと、仕事が忙しくなると、身だしなみに気が回らなくなるじゃないですか。それって実はめっちゃ逆効果！　自分で自分のモチベを下げて、自分で自分をマイナスなほうに追い込んじゃっているんですよね。

むしろ忙しいときとか、メンタルが弱っているときほど、外見をバッチリキメたほうが良い！　だって、鏡に映る自分がボロボロで疲れた顔をしていたら、それだけで余計にテンション激落ちすると思いません？

めんどいと思うかもしれない。だけど、**疲れているときほど、身なりに気をつかって、自分をパワーアップさせてあげてください。**

もちろん、パソコンのデスクトップに推しの写真を設定するとか、机周りに好きなキャラクターのグッズを置きまくるとかも、めっちゃ良い「好き」の使い方だと思います。

ほら、意外と簡単でしょ？　今すぐにできそうじゃないですか？


自分はなにでモチベが上がるのか。

どんなものに囲まれていたら幸せなのか。

自分という人間を見つめ直す意味でも、ぜひ一度考えてみてください！

そうやってモチベの上がる方法を探して、自分のコントロールが上手になることが、楽しく働いていくコツかなーって思います。

Point
「好き」の力を借りてモチベを上げる
疲れたときほど見た目をキメる！

オフがあるからオンがある！

「仕事やりたくね～」って思う日。苦手な仕事をしなくちゃいけない日。なんか、気分が乗らない日。みなさんはどうしていますか？

私はそんなとき、思い切って休みます！　やりたくないときはやらない！

「えっ⁉　そんなのアリ？」と投げやりに聞こえるかもしれないけど、ちゃんと理由があります。それは、**ダラダラする時間が一番ムダ**だと思っているから。

「やりたくね～」って二の足を踏んでいる間ずっと、気持ちはモヤモヤするし、モチベも下がりっぱなしですよね。「やらなくちゃいけないのに、ヤバい……」っていう罪悪感まで出てくる。そしてしぶしぶ手をつけたところで、身は入らないし効率も悪い。「やんなきゃ、やんなきゃ、でも嫌だな〜」の時間って、マインド的にも仕事的にも、ひとつもプラスがないんですよね。

だから、**そういうときは潔く休む！　パソコンを閉じて、スマホの電源もOFF！**「〇時に再開しよう」「明日の朝一番にやろう」と期限を決めて、それまで完全に頭から追い出すんです。

そうやって全力でオフするから、再開するときにはパッと切り替えられます。集中力も高まっているから、効率良く仕事を終わらせられる。気持ち的にも、リフレッシュした後のほうが前向きに取り組めそうな気がしません？

もちろん、休んで良いといっても、そのせいでだれかに迷惑をかけるのは絶対NG！　**自分自身で責任を取れる範囲で調整するのが当然のルール**です。

実際、『egg』の雑誌を制作している期間には、計画的にサボることがよくありました。

「これは〇日までに考えといたほうがスムーズだろうな。けど、今のモチベ的に手をつけたくないかも……」ってタスクがあったら、「後日の自分に任せた！」ってノリで一旦諦める。気づかなかったことにするんです。

そして、やりたいことを優先させる。モデルと思い出づくりに遊んだりして、思いっ切り楽しい時間を過ごしていました。

そうやって、ムリヤリやらずに、楽しいことをいっぱいチャージした状態で取り組んだ結果、意外といろんなアイデアが浮かんだりして、上手くいくことが多かったんです。

たまには判断ミスで「やっぱこれはやっとくべきだったー！」ってこともあったけど、切り替えていたから常に楽しく働けていたし、サボったことを後悔したことは一度もありませんでした。

ギャルってみんなめっちゃ楽しそうに働いています。仕事で切羽詰まっている表情とかあまり見たことがないし、どんなときも全然深刻そうに見えないし。その秘密は、こんなふうに**オンオフの切り替えが超上手いから**なんですよね。

ここで大切なのは、スイッチを切るのも入れるのも「自分」だってこと！

上司に言われたからとか、みんながやっているからじゃなく、自分の判断でオンオフを切り替える。

そうすれば、自分のタイミングでスパッと全力にも脱力にも振り切れるし、「ここぞ！」ってときには、周りもびっくりの気合いと根性を見せられる。

休む時間、頑張る時間をきっぱり分けるのも、大事な心のコントロールです。

ずっと仕事のことばかりを考えていたら、いざというときに、へたってしまうかもしれない。逆に、肩の力を抜くのが上手くなると、疲れを溜めず、やる気をぐんぐんチャージできます。

メリハリをつけて、自分主導で働くマインドを手に入れてみませんか？

Point
極端なオンオフでやる気を蓄える
やる気スイッチは自分で管理しよう

大事なのは期待値のコントロール

人から期待されるのって、すごくうれしいですよね。大きな仕事を任されるとか、助けてほしいって頼られるとか。だけど、その期待が大きくなりすぎるのはちょっとマズかったりもします。**期待値はほどほどなのが一番**なんです。

たとえば「金メダル確実！」と言われているスポーツ選手。期待されてうれしい反面、本番に向けてのプレッシャーは、ものすごいものだと思います。

一方、メダルも入賞も期待されていない選手は、もっとリラックスして本番に臨《のぞ》めるんじゃないかな。それでもって自己ベストを更新したりする人も多いですよね。

仕事もまったく同じです。周りからの期待値が上がりすぎると、成果のハードルもどんどん上がっていく。「当然これくらいやってくれるだろう」「できて当たり前」「失敗するはずがない」という周りからのプレッシャーがキツくなっちゃうんです。

反対に、**ほどほどの期待値だったら、ちょっとの結果でも周りからしっかり評価してもらえます。**しかも多少の失敗なら受け止めてもらえるはず。そういう安心感があってこそ、のびのび仕事に向き合えると思うんです。

期待値が高すぎないほうが、ちゃんと自分の力を発揮できそうな気がしませんか？

私は失敗しているところを包み隠さないタイプだから、周囲の人からよく「ほんとに大丈夫？」って心配されています。きっと私のことを「仕事ができる人」って評価している人はひとりもいないと思う。

でもそれが逆に、私にとっては心地いいんです。いつも「やればできちゃうんですよ、実は！」って気持ちで、超張り切って取り組むことができるから。ドッキリを仕掛けるようなノリで、成功させた後の、みんなの驚く顔が楽しみだったりもするんですよね。

こんなふうに、ギャルなら「この子、大丈夫かな？」と心配された経験があると思います。でもギャルにとっては、そんな**マイナススタートってむしろ超ラッキー！**

だって、評価の伸びしろがヤバいってことでもあるからです。

それに、**期待値が低いほうが、失敗を恐れずに大胆なチャレンジができるし、自由にゆるーく働ける。**良いことづくしなんです！

みなさん、良い仕事を任せてもらうために、自分の期待値を上げようとしすぎていませんか？

背伸びをして、できそうにないことに「できます！」って手を挙げていませんか？

それで後になって、失敗できないプレッシャーに苦しんでいませんか？

「やります！」と手を挙げる積極性はもちろん大事です。でもそこで背伸びしてしまうと、後から自分を苦しめることにもつながっちゃう。

期待値が50点なら、70点の仕事をしても「よくやった！」です。自分の期待値を上手くコントロールして、周りをびっくりさせましょう！

Point

期待値を上げすぎるのは損
全力を出しすぎずにほどほどをキープしよう

反対されたら「ワンチャン」ある証拠

仕事をしていると、当然反対意見にぶつかることがあります。「こういう企画がしたい！」と提案しても、「どうせ上手くいかない」「リスクがありすぎる」「前例がない」とか言われたり。

でも、そうやって周囲に反対されたからといって、その場で引き下がっちゃダメ。むしろ、そういうときほど「ワンチャンあるのかも」と反対の先にある可能性を考えましょう！

だって、前例がない＝「これまでにない画期的な発想」かもしれないから。

お笑い芸人でありながら世界で活躍する渡辺直美さんは、最初にアメリカへ留学すると決めたとき、「なに言ってるのかわかってるのか！」「仕事がなくなるに決まってる！」と、周囲から大反対を受けたそうです。だけど彼女は、その先にあるワンチャンを信じて突き進んだ。

その結果、今ではニューヨークを拠点に世界的ブランドのモデルを務めたり、雑誌の表紙を飾ったり、ミュージカルの主演をしたり、「日本人」や「お笑い芸人」の枠を超えた活躍をされていますよね。

それから、世の中を変えるような発明なんかも、なんだってそう。

iPhoneだって最初は「売れないだろう」と思われていた。InstagramやTikTokだって、最初は「定着するはずがない」って言われていたし、**どんなに便利で良いものでも、新しく登場したときには、逆風が吹くものな**んです。

ギャルだって同じです。最初は「こんなブーム、すぐ終わる」と思われていた。

でも実際は、文化として定着して、今では企業までもがギャルマインドに注目している。

休刊していた『egg』を私が編集長として復刊させたとき、実は反対の声もたくさん聞こえてきました。

平成ギャルファンの方からは「ギャル感が少ない！　こんなの『egg』じゃない！」とか。ギャルのリアルを知らない方からは「もうギャルの時代は終わっているのに大丈夫？」とか。けっこうな〝逆風〟具合でした。

でも私は、全然気にならなかった。それはもう「今のギャル」を知っているのは自分だって絶対の自信があったから。そして反対の声が大きいほど「今のギャル」に響くワンチャンがあると信じていたからです。「自分と仲間を信じて突き進むのみ！」って考えでした。

そうして前進した結果、復刊後の『egg』は新しいリアルなギャル層にしっかり届いて、令和のギャル文化をつくり上げることができたんです。そして、今では『egg』が世の中のギャルに対する価値観を変えて、多くの人がギャルに興味を持つようになりました。

会社の企画会議でもそうだし、ＳＮＳでもそう。**ちょっとの反対意見にくじけないで、反対の先にあるワンチャンを信じたほうが良い！**

「批判されたものほど、成功したときはみんなの記憶に残るっしょ！」ってくらい前向きに捉えて、いっぱいチャレンジしていきましょう。

大成功は、大反対の先にあるんです！

Point

反対の声に折れない
その先の可能性に賭けて周りの価値観を変えていこう

自分で決めれば責任感も湧く

どうしてみんな仕事が嫌になっちゃうのか。

私は「やらされ」の意識があるせいなんじゃないかなって思うんですよね。

とくに入社したての頃の仕事って、上司や先輩から指示を受けて取り組むことがほとんど。そのせいか周りの人から「今こんなことやらされててさ〜」ってグチをよく耳にするんです。

この「やらされ」感が最大の要因だと思う！

たとえ上司に指示された仕事でも、必ず最初に、自分で「やる！」と決めてスタートしてください。仕事をする上で、これはめっちゃ大事なマインドです。

たとえばお風呂に入ろうと思っていたときに、親から「早く入りなさい！」って言われたら、なんか入りたくなくなるじゃないですか。

仕事も同じで、「ムリヤリやらされている」と思うとつまらなさを覚えるし、やる気がそがれる。そんな気持ちで取り組んだところで、身につくはずもない。

それから、**「やらされ」の意識は、必ず言い訳を生む**んですよね。

「自分が決めたわけじゃないし」

「あの人にそう指示されただけなんで」

問題が起きたとき、そういう考えが浮かんじゃう。たとえ口に出さなくても、その気持ちは不誠実な態度につながるものです。

そうなったら、周りからの信頼を失っちゃうかもしれない。

だから、**スタートラインで「自分で決めた」という意識を持つのがめちゃくちゃ大切**なんです。

これまでお話ししてきたとおり、あなたの人生の主人公はあなたです。これはプライベートでも、仕事でも、揺るがぬ事実。

なのに、**なぜか仕事となると「自分がすべてを決めている」ってことを忘れやすくなる**みたい。

「やらされている」と言い訳するのか、「やる」と決めてやり抜くのか。

「つまらない」と仕事を苦行にするのか、「逆に」でやりがいを見出すのか。

諦めて石の上で耐えるのか、軽いテンションで行動（転職）するのか。

どれもこれも、自分の選択次第です！

もちろん仕事の中には「やらない」って選択肢は残されていないかもしれません。気が乗らない仕事だって当然あります。

でもそれを「やらされている」と思ったら、いつまで経ってもモチベは低いまま。自分で「やる」と決めてこそ、責任感も湧くし、モチベも高まっていきます。

上司からなにか指示されたら、それを「命令」だと考えず、「お願い」なんだと考えましょう。
そして上司からの「お願い」を、自分の意志で「やる」と決める。

このマインドを持つだけで、モチベも上がりますよ！

Point

仕事でも決定権を持つのは自分！
自分で「やる」と決めるからこそ責任感が生まれる

後輩を「放置する勇気」を持とう

仕事を続けていると、どんどん後輩も増えていきます。つまり、仕事を教える立場になる。私は、後輩たちを育てるために、心がけていることがあります。

それは、**手取り足取り教えすぎないこと！**

新人が入ってきても「とりあえずやってみな〜」ってある程度放置するんです。冷たくしたいわけでも、手を抜いているわけでもありません。**自分自身で仕事を身につけてほしいから。その子の成長のために必要な「ほったらかし」**なんです。

たとえば、テレビで防災についての情報を聞いても、数日後には忘れちゃうじゃないですか。でも本当に自分が一度被災したら、その怖さも備えるべきことも心に刻まれる。どれだけ時間が経っても絶対に忘れませんよね。

スマホアプリの使い方だってそう。マニュアルをたくさん読み込むよりも、まずは触って、試してみる。失敗したりもしながら覚えていくものです。

わからないことを人に聞いたり、とりあえず答えを覚えたりするのはすごく簡単です。だけどそれだと自分のものにはならない。すぐに消えちゃう知識です。

反対に、自分で時間をかけて調べたことや、手を動かして体感したことならば、ちゃんと身につく。

前者と後者では、理解度も定着度も全然ちがいます。

慣れない部下が奮闘する姿を見ていると、「自分がやったほうが早いな」ってやきもきするかもしれません。でもそこで「私がやるから見てて」と言ってしまうと、その子が成長しない。成長する機会を奪ってしまうんです。

だから、**相手のためを思って、ぐっと我慢して放置する勇気を持ちましょう！**

実はこれ、実際に自分が経験したから身についた考え方なんです。

19歳で広告代理店に入社したのですが、それまでオフィスワークをしたことないどころか、パソコンを触ったことすらなかった私。すぐにいくつかタスクを任されたけど、なにもかもやり方がわからなかった。

けど、そのときの先輩からは「わからないことはまずグーグル先生に聞いてね。どうしてもわかんないときだけ、俺に聞いて〜」って言われて。まさに「ほったらかし」だったんですよね。

そこから、ひとつひとつ調べまくって、試行錯誤しながら自己流で仕事をこなしていきました。

苦労したし、時間も超かかったけど、ひとつ仕事を終えるごとに達成感はものすごかった！　それに「ウチ、やればできるんじゃん！」って自己肯定感もぐんぐん上がっていきました。

自分で見つけたやり方だから、ちゃんとスキルとして身について、入社して1年も経たないうちに社内の企画プレゼンで一番高い評価をもらえたり。先輩の「ほったらかし」のおかげで、早くてたしかな成長があったと思っています。

「ほったらかしって成長につながる」

これは今、後輩の立場にいる人にも伝えたいことです。

あなたの近くに、冷たい先輩がいるかもしれません。だけど、そこで「嫌われてるのかな」と落ち込んだり、「なんで教えてくれないの？」と恨んだりするのは、超もったいない！

逆に「自分の成長を考えてくれているのかも」ってプラスに考えましょう！

真意はどうでも良いんです。**自分の手で知識を掴み取るマインドでいたほうが、より成長できるのは間違いないんだから！**

これも自分の心のセルフコントロール。どんな状況でも、まるっと自分の糧《かて》に変えていってください！

Point

その子のためには放置も必要
スキルは経験から自分で掴み取ってもらおう！

リーダーの仕事は「場の空気」をアゲること

さて、上司や先輩としての話の次は、リーダーに必要なギャルマインドです。経験を重ねると、リーダーとしてチームの先導役を任されることも出てきますよね。私もまだまだ新参者のリーダーだけど、気づいたことがあります。

それは、**リーダーは「場の空気」を盛り上げるのが仕事**だってこと！

場の空気を盛り上げるっていうのは、とにかくその場をアゲな空気にすることです。チームの熱を落とさず、みんなの気分がアガる現場にする。要は、士気を高めるってこと！

リーダーにはいろんな仕事があるけど、とくにチームのムードを決めるのはリーダーの振る舞いなんですよね。

小中学生の頃、めっちゃ明るいクラスと、そうでもないクラスがありませんでした？　そしてめっちゃ明るいクラスには、だいたいおもしろかったり、熱いマインドを持ったりした担任の先生がいたはず。つまり、リーダー（担任）のキャラで、クラス全体の雰囲気が決まるんですよね。

会社の部署やプロジェクトチームでも同じです。リーダーのキャラが暗いと、チーム全体の空気が暗くなる。それだとみんなの持っている力が発揮できないままになると思いませんか？

だから私はリーダーになってから、新人の頃以上に、めちゃくちゃ元気に、いつも明るく振る舞っています。私が原因でみんなの空気を重くするようなことは絶対にしたくないから。

ちょっと悩んでいそうな後輩に声をかけるときにも、絶対明るい雰囲気で「なんかあったん？」って聞いてみる。どんなときでも、深刻ムードはつくることがないように、すごく気をつけています。

このマインドは、私がはじめてリーダーを経験したときからすでにあったような気がします。小６で応援団長を務めたときでした。

応援団のパフォーマンスを成功させるのも大事な目標だったけど、私はなにより「１年生から６年生まで全員に運動会を楽しんでもらいたい！」っていう目標を掲げていたんです。

だから、「まずは私が一番楽しんでやる！」って気持ちで練習に取り組みました。楽しむには友だちが多いほうが良いと思ったから、話したことない子にも気さくに絡みに行って、ガンガン友だちを増やしたり。

そういうマインドが功を奏したのか、運動会当日はみんな超楽しんでいたし、一致団結できたおかげで最高の思い出になりました。


そして超重要なのはここ！

リーダーの明るさや元気の良さは、性格も才能も関係ないんです。この本でずっとお話ししてきたギャルマインドを身につけて、実践していけば、それで大丈夫！

だから私は、ギャルマインドって若い人だけじゃなくて、大人たちも使える一生モノの力だと思っているんです。新人さんにもギャルマインド。先輩たちにもギャルマインド。そして社長さんにもギャルマインド。

明るく、元気で、ハッピーに。そんな組織で働きたくないですか？

だったらまず、あなたがギャルマインドを発揮してみてください。その強さや明るさは必ず周りのみんなに伝染します。

そして気がついたら、ギャルマインドでいっぱいの組織になっているはず。私がそう保証します！

Point

組織の雰囲気はリーダーで決まる
ギャルマインドで最高のチームに

おわりに

先日、アメリカ留学から帰国したばっかりの友だちと話す機会がありました。

びっくりしたのは、その子の話し方がめっちゃパワフルになっていたこと。理由を聞くと「向こうでは自分の意見を言わないと埋もれちゃうから、自然と自分の考えを主張できるようになった」らしいんです。

私はそれを聞いて、「めっちゃギャルじゃん！」と思ったんですよね。

自分の意見を持つことや、自分の考えを主張して生きることは、ギャルのマインドとまったく同じ。海外の人たちが持つ強さやたくましさって、完全にギャルマインドなんだなーと思った出来事でした。

ちょっと暗めな今の日本で、ギャルマインドが注目されているのは、こんなところに理由がある気がします。

自分を貫く強さ。だれとでも仲良くなれる明るさ。そして、自分と異なる価値観を受け入れられる優しさ。

みんな、今の自分に足りないものを、ギャルの中に発見しているんじゃないかな。だって、ギャルってまじで強くて元気で優しいから。

みなさんも最近のテレビやネットを見ていて、ネガティブな気持ちになること、ありませんか？　景気が悪いとか、将来が厳しいとか、日本はこのままダメになっていくんじゃないか、的な話をいっぱい耳にしますよね。

でも、私が知っているギャルの中で、将来を悲観しているような人はひとりもいません。**今をしっかり楽しんで、将来のことも「未来の自分が場面で楽しんでるっしょ！」って信じている。**

どうしてそんなにポジティブでいられるのか。

その理由はもちろん、ギャルマインドを持っているからです。

この本を読んでくれた人なら、もうわかっているはず。**けっきょく人間の感情を決めているのって、全部自分のマインド**なんですよね。

マインド次第で、自己肯定感が高くも低くもなるし、人間関係が上手くいくことも、悩みになることだってある。働くことに前向きにもなれるし、後ろ向きにもなれる。

人生の幸せ度は、マインドで変わります。

そしてギャルは、この「マインド」が最強だから、いつも明るくてポジティブだし、人に優しく、超ハッピーでいられるんです。

この本を読みながら、ひとつかふたつくらいは「この考え方は自分と似てるかも！」「この考え方、真似したいな」と共感したところがあったと思います。

その共感は、**あなたが「心にギャルを飼っている」証拠**です！　あなたの心の中にいるギャルが、「それな！」って共感してくれたんだと思います。

ギャルってすごく特別で変わった存在に見られがちだけど、そんなことは全然ありません。海外の人たちは超ギャルマインドだし、みなさんの中にもきっとギャルがいる。

後はそのギャルを思い切って羽ばたかせてあげるだけです！

この本のはじめに、私は「ギャルマインドは日本を救う！」と言いました。ちょっとオーバーな話に聞こえていたかもしれないけど、まじでみんながギャルマインドを持てば、劇的に世の中が変わっていく可能性があると思いませんか？

つらいとき、悲しいとき、なんだか勇気が持てないとき。いつでも心のギャルを呼び出して、前を向いてハッピーに生きていきましょう！

そしてウチらで、日本を、世界を、超良い感じに変えていけたらうれしいです。

ここまで読んでくれて、本当にありがとうございました！

ギャル年表

80年代後半～90年代前半

女子大生やOLが「ギャル」と呼ばれる存在でした。
ボディコンなファッションに身を包んだワンレンギャルが、ディスコでダンス！

1995年

ポケベルが大流行。
「0833」って読める？　正解は「おやすみ」です！

『egg』創刊！　コギャルブームとともに誕生した『egg』は
ギャルの生態を赤裸々に発信し、ギャルのバイブルに！
99年にはギャル男というジャンルを確立した『men's egg』も創刊。

1990年代後半

コギャルブーム！
コギャル＝JKのギャルって意味。
ちなみにJCは「マゴギャル」。
制服のスカートを短くして、ルーズソックス、ローファーで街にくり出したJKたち。
渋谷や池袋で地べたに座ってたむろしたり、パラパラの練習をしたりしていたみたい。

1996年

安室奈美恵フィーバー！
ギャル界でもアムロちゃんのスタイルが浸透して、
茶髪に小麦色の肌、ミニスカ、厚底ブーツの「**アムラー**」が大増殖しました。

株式会社大洋図書／egg編集部

株式会社大洋図書／egg編集部

株式会社大洋図書／egg編集部

1997年

プリクラが登場して96～97年にかけて大ブームに！
渋谷の「プリクラのメッカ」前はギャルが〝とりま〟集まる場所でした。

カリスマ店員ブーム。
109のアパレル店員さんたちがカリスマとして大人気になり、
着用したアイテムが爆売れ！
人気ブランドの**ショッパー**を持つのもギャルのお約束でした。

1998年

ヤマンバ登場！
日サロでガングロに焼いて、髪は白や金のメッシュ。
白いアイラインを引いて、奇抜なファッションをしたヤマンバは
メディアでも注目を集めました。

浜崎あゆみデビュー。AYUの影響で一気に**白ギャル**が台頭《たいとう》！
白肌に金髪ショートのギャルが多かったです。
AYUスタイルでスカルプネイルやアニマル柄も定番化しました。

漫画『GALS！』連載開始。

1999年

ヤマンバが進化して**マンバ**に。
目の周りを白く囲ったり、白いリップを引いたり、派手さが進化！
カラフルなヘアカラーもこの頃から人気に。
2mあるルーズを引きずりながら歩いていたらしい。

株式会社大洋図書／egg編集部

株式会社大洋図書／egg編集部

2000年

２０００年代は高校生の間でもサークル活動がブームに。

ギャルサー、イベサー（イベントサークル）など全国各地にいろんな団体がありました。


倖田來未デビュー。

ギャルもくぅちゃんに憧れて、「エロカワ」「エロかっこいい」がブームに。

2004年

「**ケツルル**」が大流行。

ギャル系ファッションブランド「COCOLULU」のロゴがお尻に入ったジーンズのこと。みんな持ってた！

全身「ALBA ROSA」に身を包んだ人たちは「アルバカ」と呼ばれていました。

キグルミンと呼ばれる、着ぐるみを着て徘徊《はいかい》するギャルが登場。
ドンキの健康サンダルとかも流行っていましたよね！

2000年代後半

ガラケー時代！

２０００年代後半からは「ｍｉｘｉ」や「前略プロフィール」などの国内ＳＮＳが超流行。

「マイミクよろしく」が定番の挨拶でした。

「魔法のｉらんど」などでケータイ小説も大人気に。

『恋空』とかも超懐かしくない？

2006年

『小悪魔ａｇｅｈａ』創刊！

一大ブームが起こり、「age嬢」が増加。
この時期、キャバ嬢は女の子たちの憧れの職業になります。
盛り髪が流行、ファッションではハイブランドが取り入れられるように。

2011年

きゃりーぱみゅぱみゅデビュー。
きゃりーちゃんのポップなかわいさに憧れてギャルの世界でも原宿系が台頭します。
渋谷系と融合《ゆうごう》した渋原系も登場。

2012年

スマホが普及。スマホ時代とともに、SNS隆盛《りゅうせい》期に突入します。
LINEでの連絡が当たり前になったのもこの頃からです。

2014年

『egg』休刊。ほかのギャル雑誌も次々と休刊に。
15年にはほとんどのギャルサーが消滅。
ギャルの居場所がストリートからSNSへと移行していきます。

2018年

動画の時代に。
芸能人やインフルエンサーがYouTubeをはじめるのも定番になり、
若者が一番時間を使うSNSはTikTokになりました。

2019年

『egg』復活！ 20年頃から、Y2Kファッションが流行ったり、
90年代ギャルのスタイルがリバイバル。
「平成ギャル」「平成レトロ」が注目を集めています。
22年はみんな「ギャルピ」していましたよね！

株式会社大洋図書／egg編集部

株式会社大洋図書／egg編集部

＼ 渋谷から世界へ。私の人生は私が決める。 ／

2023年4月、渋谷女子インターナショナルスクール開校！

#渋女information

渋谷から世界へ羽ばたく人材の育成をミッションに掲げ、将来世界で活躍できる起業家やクリエイター、グローバルインフルエンサーとなる女性を輩出していくことを目指す学校。講師には、渋谷区観光協会代表理事の金山淳吾氏や、モデル・タレントのゆうちゃみなど、名だたる著名人を迎えます。

https://shibujyo.com

@shibujyo_0428

@shibujyo_0428

渋谷女子
インターナショナル
スクール校長

赤荻瞳

Hitomi Akaogi

私は中学生の頃から「渋谷」でいろいろな方々に出会い、たくさんの仲間に恵まれてきました。様々な出会いから、ファッション・カルチャー雑誌の編集長を4年間務めさせていただき、そこでもいろいろな経験を重ね、私には新たな目標ができました。それは英会話・動画制作など、社会ですぐに活かせる技術を学びながら高卒資格を取れる学校「渋谷女子インターナショナルスクール」という学校を創り、未来ある女性の成長をサポートすることです。渋谷という街で夢を叶えた私のように、今を生きる若い世代に夢や可能性を切り拓いてほしいという思いから、本校の立ち上げを決意いたしました。私が重ねてきた経験を活かし、今後は校長という立場で、**女子高生たちの夢の後押しをしていきたい**と思います。

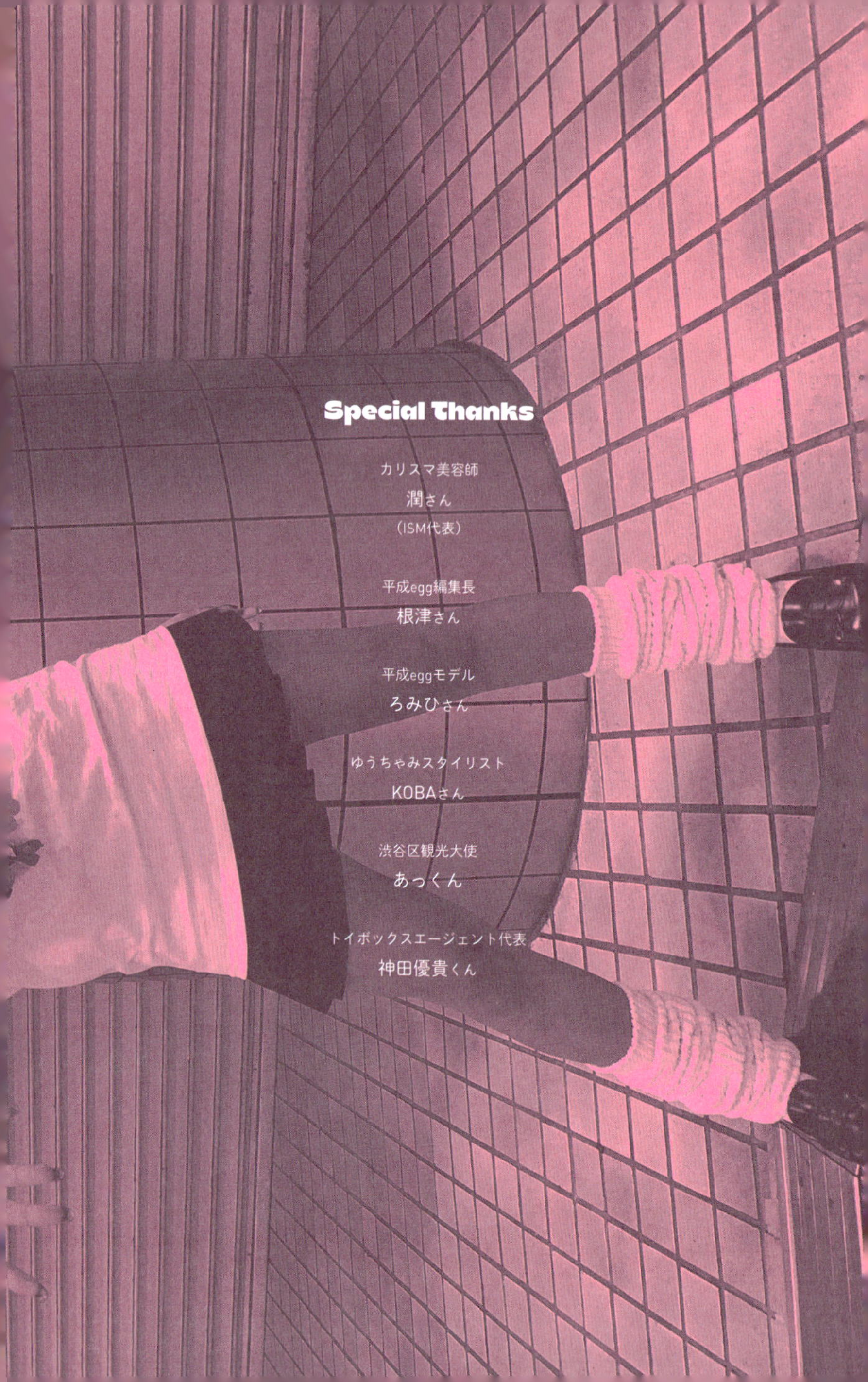

Special Thanks

カリスマ美容師
潤さん
（ISM代表）

平成egg編集長
根津さん

平成eggモデル
ろみひさん

ゆうちゃみスタイリスト
KOBAさん

渋谷区観光大使
あっくん

トイポックスエージェント代表
神田優貴くん

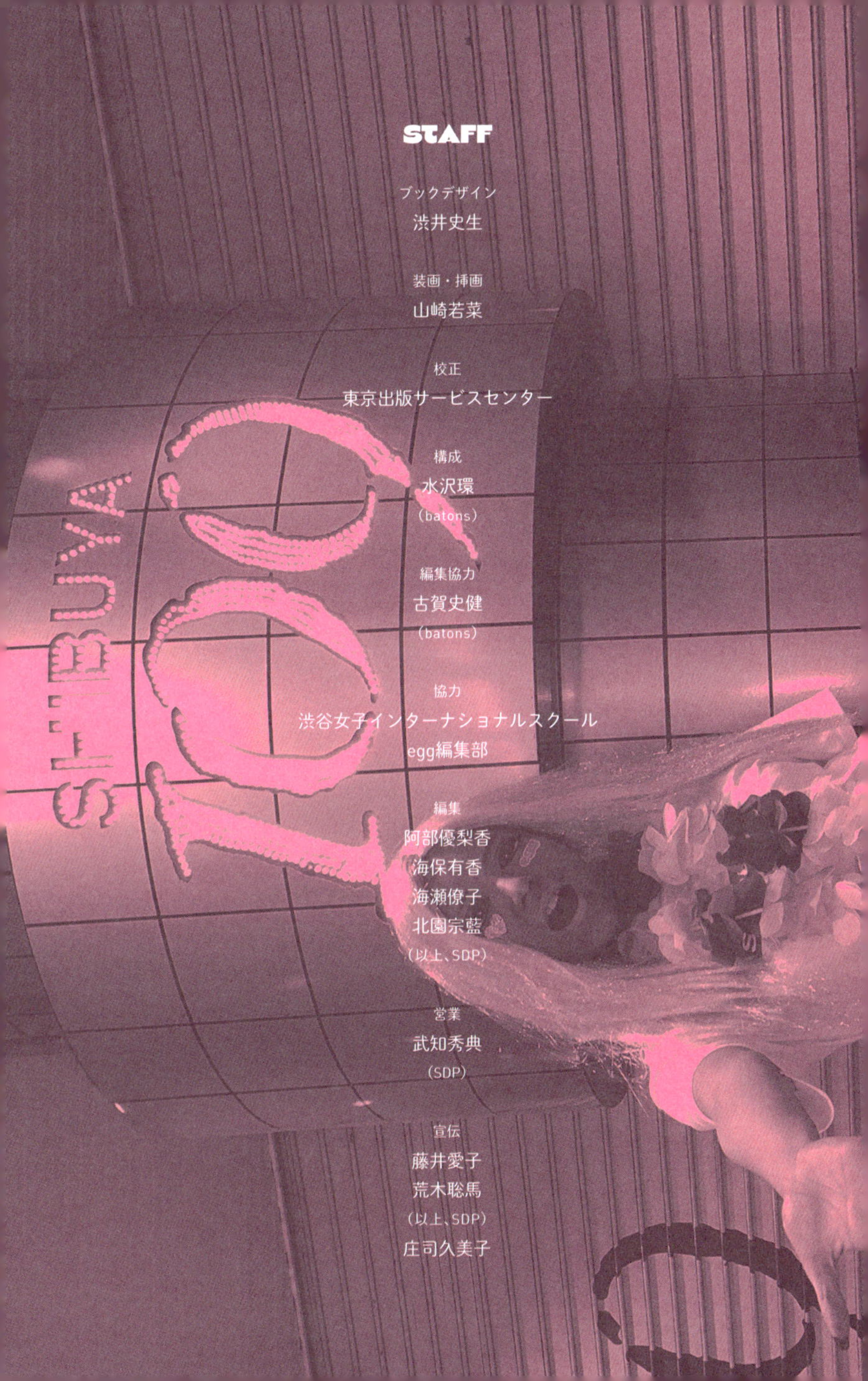

STAFF

ブックデザイン
渋井史生

装画・挿画
山崎若菜

校正
東京出版サービスセンター

構成
水沢環
（batons）

編集協力
古賀史健
（batons）

協力
渋谷女子インターナショナルスクール
egg編集部

編集
阿部優梨香
海保有香
海瀬僚子
北園宗藍
（以上、SDP）

営業
武知秀典
（SDP）

宣伝
藤井愛子
荒木聡馬
（以上、SDP）
庄司久美子

赤荻瞳（あかおぎ・ひとみ）

1996年9月6日、埼玉県生まれ。株式会社エムアールエー代表取締役社長。女性向け雑誌『egg』の編集長に21歳で就任し、休刊となっていた雑誌を4年ぶりに復活させる。そのビジネスの手腕に注目が集まり、メディア出演など自ら表舞台に立って渋谷カルチャーを牽引。現在は英会話・動画制作の教育に力を入れ、グローバルインフルエンサーを生み出す学校"渋谷女子インターナショナルスクール"校長に就任。

鬼《おに》強《つよ》ギャルマインド

心にギャルを飼う方法

2023年８月４日　初版第１刷発行

著　者　赤荻瞳
発行人　細野義朗
発行所　株式会社SDP
〒150-0022 東京都渋谷区恵比寿南1-9-6
TEL 03-5724-3975（第１編集）
TEL 03-5724-3963（出版営業ユニット）
ホームページ http://www.stardustpictures.co.jp
印刷製本　株式会社暁印刷

ISBN978-4-910528-33-5